Rolf Klodt

Zur See und an Land

Zu Geschichte, Einsätzen und Uniformen der deutschen
Seesoldaten, Marineinfanteristen, der Marinesicherungstruppe
und der Marineschutzkräfte

Der Autor Rolf Klodt, Jahrgang 1941, ist Berufssoldat im Ruhestand. Seine ersten Publikationen veröffentlichte er in den 70er Jahren als Angehöriger der 1. Gebirgsdivision in der Truppenzeitschrift „SOLDAT DER BERGE“. Sein schriftstellerischer Durchbruch gelang ihm mit seinen monatlichen Satiren im Magazin „DIE BUNDESWEHR“. Hier schilderte er fast drei Jahre lang die Erlebnisse des „Hauptmann Timotheus Kräuselfinger.“ Artikel von ihm erschienen in KOEHLERS FLOTTENKALENDER, in der Hamburger-Presse, in der Wilhelmshavener Zeitung und in der Stader Presse. Nach seinem Buch NORDSEEWACHT ist dies die zweite militärhistorische Arbeit. Rolf Klodt arbeitet zurzeit in einem Autorenteam der Stadt Stade. Thema: 40 Jahre Bundeswehrstandort Stade.

Impressum

Rolf Klodt
Zur See und an Land

Sulzbach/Ts – Bonn: Report Verlag, 2008
ISBN 978-3-932385-28-5
Gestaltung: Kurt Pagel, davis-creativ-media GmbH, Bonn
Druck und Verarbeitung: Messedruck Leipzig GmbH, Leipzig

Printed in Germany 2008
Report Verlag, Paul-Kemp-Straße 3, D-53173 Bonn
www.report-verlag.de

Die Deutsche Bibliothek verzeichnet diese Publikation in der Deutschen Nationalbibliographie; detaillierte bibliographische Daten sind im internet über http://dnb.ddb.de abrufbar.

Inhaltsverzeichnis

Vorwort

Fragen Sie doch einmal nach in Ihrem Freundes- oder Bekanntenkreis, was diesem zu dem Begriff „Marine-Infanterie“ einfällt. Ich bin mir sicher, dass die meisten Ihrer Freunde spontan sinngemäß antworten werden: „Also, das sind doch diese harten amerikanischen Jungs, die sogenannten ‚Ledernacken‘, die im II. Weltkrieg gegen die Japaner kämpften und zum U.S.-Marine-Corps gehören.“ Ich erlebe häufig erstaunte, ja ungläubige Gesprächspartner, wenn ich berichte, dass es bereits in der zweiten Hälfte des 17. Jahrhunderts die ersten deutschen Seesoldaten gab. Auch bei der Bundesmarine gab es ein aus dem 1956 aufgestellten Marine-Pionierbataillon hervorgegangenes Seebataillon, welches zunächst in Wilhelmshaven beheimatet war.

Zweck dieses Buches soll es sein, an die lange Tradition deutscher Seesoldaten und Marineinfanteristen zu erinnern. Soldaten einer Truppe, deren elitärer Charakter auch äußerlich durch die Gardelitzen am Kragen ihrer Uniform zu erkennen war. Auswahl, Ausbildung und Einsätze der Soldaten der Marinesicherungstruppe und Marineschutzkräfte rechtfertigen es, diese Truppe als deren legitime Nachfolger zu sehen. Jede Soldatin und jeder Soldat der Marineschutzkräfte darf mit Recht das blaue Barett als sichtbares Zeichen der Zugehörigkeit zu einer besonderen Truppe tragen.

Dieses Buch ist aber auch eine Reise durch die Geschichte, die einen Bogen spannt von den Kämpfen europäischer Völker mit- und gegeneinander bis zur Gegenwart, in der deutsche Marinesoldaten mit den Gegnern von gestern für eine neue friedliche Welt zusammenarbeiten.

Ohne die Unterstützung zahlreicher Damen und Herren und vieler Freunde wäre es nicht möglich gewesen, dieses Buch zu schreiben. Mein besonderer Dank gilt deshalb den Herren August Jahns, Sönke Linning, Rolf Noeske, Oberstleutnant Erhard Preuß, G2/MilSichh 14. Panzergrenadierdivision „HANSE“, Hans Ryszewski, Bernd Wedeking, Korvettenkapitän Ralf Zielinski, Kommandeur Lehrgruppe B Marineunteroffizierschule, der Gemeinde Rethem/Aller sowie Herrn Stabsfeldwebel Peter Sczesny der Marineschutzkräfte in Eckernförde.

Mein ganz besonderer Dank gilt Herrn Kapitänleutnant Hans-Jürgen von Hemm, ehemaliger S 31-Offizier der Marinesicherungstruppe Glückstadt und der Marineschutzkräfte Eckernförde. Er war jederzeit bereit, mir mit Rat und Tat zur Seite zu stehen. Ohne seine großartige Unterstützung hätten die Kapitel Marinesicherungstruppe und Marineschutzkräfte nicht in dieser Ausführlichkeit entstehen können. Bedanken möchte ich mich außerdem bei Herrn Dieter Stockfisch, Redakteur Marine im Report Verlag, für eine überaus angenehme Zusammenarbeit.

Ich habe sehr sorgfältig recherchiert, widersprüchliche Aussagen versucht zu klären. Dennoch bin ich mir sicher, dass historische Lücken und auch Unzulänglichkeiten nicht auszuschließen sind.

Zum Schluss noch ein Anliegen, das mir sehr am Herzen liegt. Kritiker möchte ich bitten, einige Kapitel unter dem Motto: „Sine ira et studio" zu beurteilen; Geschichte mit ihren Ereignissen und Geschehen als Wissenschaft ohne Zorn und Parteilichkeit.

Rolf Klodt
Horneburg, im Frühjahr 2008

Zur Vorgeschichte

Bereits die Phönizier werden den bewaffneten Kämpfer an Bord gekannt haben, und die Ägypter hatten 6 000 v. Chr. den Hopliten, einen bewaffneten, wohlhabenden Berufs- oder Bürgerkrieger an Bord ihrer Galeeren. Auch die Griechen und Perser kannten ihn und auf den römischen Triremen gab es ihn, den im weitesten Sinne als Marineinfanteristen zu bezeichneten Kämpfer, der Enterbrücken warf, über sie hinweg stürmte, Ballisten (einer Art Geschütz, das mit Sehnenkraft Speere und Pfeile schleuderte) bediente und Feuer auf den Gegner warf. Kreter, Spanier, Syrer und Armenier kannten den leichtbewaffneten Bogenschützen an Bord ihrer Flotten. Im 18. Jahrhundert errangen die venezianischen Marineinfanteristen, die Oltramarinis, Berühmtheit bei ihren Gefechten mit den Türken, Slowenen und Kroaten.

Für diese Aufgabe wurden sie besonders gut ausgebildet. So feuerten sie als Scharfschützen aus der Takelage des Schiffes oder bedienten, bis zum Einsatz entsprechender Artilleristen, auch die Kanonen. Diese Fertigkeiten waren überliefert von der ehrenwerten Bombardierzunft. Er, der Herr Bombardier, war

Abbildung aus dem frühen Mittelalter: „Marineinfanteristen" entern ein gegnerisches Schiff

ja schon damals ein gelernter, ja ein gelehrter Mann, der mit Zündkraut, Teufelskraut und Schießpulver umzugehen wusste, Geschütze maß und richtete. Das führte dazu, dass er bereits damals in der Bordhierarchie einem Korporal gleichkam und selbst der Anfänger war nach heutigen Maßstäben ein Gefreiter. Dass die Seesoldaten stets die Entermannschaft und die Landungsoperationen anzuführen hatten, lässt erahnen, dass nur die mutigsten Männer Seesoldat werden konnten.

Da der tägliche Dienst an Bord nicht nur aus Kampf bestand, waren sie dort für die innere Sicherheit und die Aufrechterhaltung der Disziplin verantwortlich. Dies führte zwangsläufig dazu, dass sie eine eigene Gruppe an Bord bildeten, unbeliebt bei den Seeleuten, von denen damals viele unter Zwang an Bord geschafft worden waren. Hinter dem heute harmlos klingenden Wort „shanghaien“ verbirgt sich der Einsatz von Alkohol, Handgeld, „liederlicher Weibsbilder“ und notfalls eines handfesten Knüppels der sogenannten „press gangs“, um die Besatzung komplett zu machen, wie es besonders im England des 18. und 19. Jahrhunderts üblich war. Diese gut ausgebildeten Seesoldaten fühlten sich zwangsläufig den Seeleuten überlegen, was selbst unter den Offizieren zu Reibereien führte. Untergebracht wurden die Seesoldaten mittschiffs. Während die seemännische Mannschaft in Backschaften „vor dem Mast“, also im Vorschiff ihr Quartier hatten, waren die Offiziere im Heck untergebracht. Es war kein Zufall, dass die Quartiere der bewaffneten Kräfte mittschiffs lagen und auf diese Weise einen Puffer zwischen Mannschaft und Offizieren bildeten.

An Land bewachten Seesoldaten die Häfen und die dortigen Marineeinrichtungen. Ihre, besonders für die damalige Zeit, sehr umfassende Ausbildung führte schließlich dazu, dass diese Seesoldaten das Fundament für die Expeditionskorps wurden und, verstärkt durch Heereseinheiten, Landungsunternehmungen durchführten. Vorgesehen für derartige Aufträge, wuchsen sie zu beachtlicher Größe heran. Das deutsche MARINE-KORPS FLANDERN des I. Weltkrieges unterstreicht dies nachhaltig.

Doch bis dahin war es ein langer Weg. Deutschland hatte über lange Zeiträume der Aufstellung einer Marine keine Bedeutung zugemessen. Zwar hatte der Große Kurfürst bereits erste Schritte zu einer eigenen Flotte unternommen, aber bereits sein Sohn schaffte den ganzen „Unsinn“, wie er diese nannte, ab. Preußen sah sich als Landmacht und so blieb es bis ins 19. Jahrhundert. Das mächtige Preußen musste aber durch die Blockade der dänischen Marine 1848 seine Ohnmacht gegenüber einem wesentlich kleineren Staat erkennen. Eine eigene Marine existierte nicht, und der Schutz der deutschen Küsten war völlig vernachlässigt worden. So war es erst Kaiser Wilhelm II., der ein gewaltiges Flottenprogramm förderte und parallel dazu starke Seebataillone aufstellen ließ.

Des Großen Kurfürst MARINIERS

Friedrich Wilhelm, der Große Kurfürst (1620 - 1688), war ein weitsichtiger Herrscher. Es war ihm sehr bald klar geworden, dass der enorme Reichtum Hollands wesentlich durch die mächtige Handelsflotte und die Kolonien möglich geworden war. So zog sich die Bedeutung des holländischen Commerciums wie ein roter Faden durch das Denken und Handeln des Brandenburgers. Während seines Studiums in Holland an den Universitäten in Leyden und Den Haag widmete er sich dem Seekriegshandwerk und studierte bei den damals bekannten Admiral Marten H. Tromp und bei anderen bedeutenden Seeleuten und Militärs jener Zeit. Noch während des Dreißigjährigen Krieges gewann er den ehemaligen holländischen Admiral Gijsels van Lier als Berater für eine geplante Brandenburgisch-Ostindische Handelscompagnie, die jedoch wegen Geldmangels nie gegründet wurde. Gijsels van Lier unterbreitete damals dem Kaiser, den an überseeischen Handel interessierten Kurfürsten von Brandenburg zum Reichsadmiral zu ernennen und ihm eine zu schaffende Reichsmarine anzuvertrauen. Doch mit Rücksichten auf die europäische Politik während und nach dem Dreißigjährigen Krieg wurde dieser Vorschlag verworfen.

Friedrich Wilhelm - Der Große Kurfürst

Später sollte ein weiterer Holländer, der zum brandenburgischen Admiral ernannte Reeder Benjamin Raule, die Pläne des Großen Kurfürsten ermöglichen, nämlich den Aufbau einer eigenen Flotte und damit eine mögliche Verdrängung der Schweden von der deutschen Ostseeküste und die Errichtung einer Kolonie in Afrika. Raule begab sich nach Königsberg, ließ den Hafen Pillau ausbauen, legte Werften an und brachten den Aufbau einer Flotte zielgerichtet voran. Damit ermöglichte er Friedrich Wilhelm u.a., eine Kolonie an der afrikanischen Küste zu erwerben. Friedrich Wilhelm unterstrich den Aufbau einer Kriegs- und Handelsflotte mit den Worten: *„Seefahrt und Handlung sind die fürnehmsten Säulen eines Estats, wodurch die Unterthanen beides zu Wasser, als auch durch die Manufakturen zu Lande ihre Nahrung und Unterhalt erlangen.“*

In erstaunlich kurzer Zeit hatte es Friedrich Wilhelm mit Raules Unterstützung geschafft, sich eine kleine Kriegsflotte zuzulegen, die bereits 1680 über 502

Standorte/Häfen der Mariniers

Kanonen verfügte. Diese konnte schon bald erste Erfolge während des Krieges gegen Schweden in den Jahren 1675 bis 1678 mit der Eroberung von Rügen und der Belagerung von Stettin und Stralsund verbuchen.

Gemäß Befehl vom 15. Mai 1675 hatte Oberst Simon van Bolsey sechs Kompanien zu je 89 Mann Mariniers angeworben. Am 17. September 1680 schickte Admiral Raule zwei Schiffe, die WAPPEN VON BRANDENBURG unter dem Kommando des Kapitäns Joris Batelsen und die MORIAN, unter Kapitän Philipp Pietersen Blonk, mit insgesamt 182 Soldaten an Bord von Pillau an die Westküste Afrikas. Die Bemannung der beiden Schiffe mit Soldaten sicherte ein kurfürstlicher Befehl vom 13. Juli 1680, in welchem dem Grafen Dönhoff befohlen wurde, *„daß Er auf zwey Schiffe, welche seine Churfürstliche Durchlaucht nach Guinea schicken, zwantzig guthe gesunde Musquetiere nebst 2 Unterofficieren, von denen in Preußen stehenden Regimentern zu Fuße zu geben und selbige gehörig zu mundiren habe."*

Friedrich Wilhelm errichtete an der Goldküste in Guinea (heute Ghana) die Festung Großfriedrichsburg, Brandenburgs wichtigsten Kolonialstützpunkt. Weiter nördlich konnte die Insel Arguin (heute Mauretanien) erworben werden. Auf der dänischen Karibikinsel St. Thomas pachtete Brandenburg eine Handelsniederlassung. In die Bestrebungen, in Westafrika Fuß zu fassen, fiel auch die Verlegung des Standortes der Afrikanischen Kompagnie sowie des Schwerpunktes der

Die Kurbrandenburgische Flotte

Marine nach Ostfriesland. Entscheidend dafür waren mehrere Gründe. Im Winter war die Ostsee oftmals vier Monate lang nicht schiffbar, die Fahrt im Kattegatt war wegen der Stürme gefährlich, der Weg durch den Sund wegen des Sundzolls und der dänischen Überwachung unbequem. Außerdem erwies sich der Hafen von Pillau als Kriegshafen nicht besonders geeignet. Auch hatten sich die Königsberger Kaufleute bezogen auf den überseeischen Handel wenig entgegenkommend und unternehmensbereit gezeigt.

Daher wurde im Jahre 1684 Emden zum Sitz der Afrikanischen Kompagnie und zum Haupthafen der Brandenburgischen Marine bestimmt. Er blieb dies bis zu deren Auflösung. Emden war zwar keine brandenburgische Stadt, aber die in der Nähe gelegene Burg Gretsyl befand sich im Besitze des Kurfürsten, der sie auf Drängen der Ostfriesischen Stände, die im Streite mit ihrer Fürstin lebten, in der Nacht vom 4. auf den 5. November 1682 durch Oberstlieutenant von Brandt und 300 Soldaten ohne besondere Gegenwehr besetzen ließ. Um aber auch in der Stadt Emden selbst eine Garnison unterhalten zu können, welche gleichzeitig im Stande war, für Kriegsschiffe die nötige Besatzung an Soldaten abzugeben, schloss der Kurfürst am 5. September 1864 mit der Stadt einen Vertrag, dem zufolge für die Dienste der Afrikanischen Kompagnie am 1. Oktober 1864 eine „Compagnie de Marine“ in Stärke von einem Hauptmann, einem Lieutenant, einem Fähnrich und 110 Mann aufgestellt wurde.

Im Laufe der nächsten Jahre wurde sie um drei weitere Kompanien verstärkt. 1865 erhielt dieser Verband die Bezeichnung „Marine-Bataillon“. 1692 wurden zwei Kompanien aufgelöst, die verbliebenen zusammen mit einer Kompanie ostfriesischer Soldaten 1744 in das „Garnison-Bataillon Nr. 12“ umgewandelt. Dieses wurde jedoch im Juli 1757 aufgelöst.

Die Nachfolger des Großen Kurfürsten, die nun preußischen Könige Friedrich I. und Friedrich Wilhelm I., zeigten weder an ihren überseeischen Besitzungen, noch an einer Flotte großes Interesse, denn auf den Meeren herrschten unangefochten die Briten, Franzosen und Holländer.

Damals existierten rund 25 000 Schiffe in Europa; davon gehörten allein den Niederlanden bzw. der Stadt Amsterdam 16 000 Schiffe. Kurbrandenburg besaß dagegen nur zwei Dutzend seetüchtige Schiffe. Je geringer die Seegeltung Preußens wurde, desto intensiver verstärkten die damaligen Seemächte ihren Einfluss, um das auf dem europäischen Kontinent erstarkende Preußen aus Afrika hinaus zu drängen.

So war es nicht überraschend, dass König Friedrich Wilhelm I. mit Vertrag vom 22. November 1717 die afrikanischen Besitzungen am 17. Januar 1718 an die Holländisch-Westindische Kompagnie verkaufte. Der Verkaufspreis betrug 6 000 Dukaten und 12 Negerknaben für die Garde der „Langen Kerls“, von denen sechs mit goldenen Ketten geschmückt sein sollten. Der Verlust der Kolonien bedeutete gleichzeitig das Ende einer deutschen Marine für eine sehr lange Zeit. Der Ausspruch Friedrich des Großen behielt lange Gültigkeit:

„Die Deutschen mögen den Boden pflügen, mit den Wolken segeln oder Luftschlösser bauen; aber nie seit dem Anfang der Zeiten hatten sie den Genius, das Weltmeer zu durchmessen oder die hohe See oder auch nur die schmalen Gewässer zu befahren“.

Letzlich blieben die zunächst hoffnungsvollen Versuche des Großen Kurfürsten, Brandenburg/Preußen den Weg zur See zu weisen, nur kurzfristige Bemühungen. Nach ihm erlosch der deutsche Flottengedanke und verebbte schließlich ganz in den napoleonischen Kriegen.

Die Garde-Mariniers König Friedrich Wilhelm III.

Eine historische maritime Arabeske in Preußen bildete 1823 ein Geschenk aus Großbritannien, eine Fregatte. Der König von Preußen, Friedrich Wilhelm III., verfügte durch eine Allgemeine Kabinett Ordre, A.K.O., vom 30. September 1823 die Errichtung eines Garde-Mariniers-Detachements bei der Garde-Pionierabteilung. Grund war die Besetzung der Modell-Fregatte ROYAL LUISE, ein Geschenk des Königs von England. Die Besetzung mit zwei Unteroffizieren und zehn Soldaten wurde später gemäß Verfügung vom 28. Dezember 1849, dem neu geschaffenen Marinekorps zugeteilt. Seitdem streiten sich die Historiker, ob diese Männer nun Marineinfanteristen oder Personal eines Königlichen Yachtklubs waren.

Marine-Korps und Marine-Bataillone

Am 29. April 1848 hatte Dänemark die Blockade der deutschen Küsten erklärt. Schon wenige Tage später berichtete der preußische Gesandte in der Sitzung des Deutschen Bundestages in Frankfurt von der Beschlagnahme zahlreicher preußischer Handelsschiffe durch die dänische Marine. Auch wurden Nachrichten über Gewaltmaßnahmen gegen hamburgische Schiffe bekannt. Diese Mitteilungen lösten in ganz Deutschland Empörung über die dänischen Gewaltakte aus. Die Ohnmacht gegenüber dieser Blockade wirkte sich verstärkend auf die Bestrebungen des Frankfurters Parlaments aus, eine eigene deutsche Flotte aufzubauen. Das Parlament bewilligte sechs Millionen Taler zur Gründung einer deutschen Bundesflotte. Es wurde eine „Technische Marinekommission" gebildet, die den Aufbau einer Flotte planen und durchführen sollte. Den Vorsitz übernahm Prinz Adalbert von Preußen, von Spöttern „Reichskahnführer" genannt. Adalbert aber begann energisch und zügig mit dem Aufbau einer Flotte. Ihr militärischer Teil setzte sich zunächst aus Artillerie- und Ingenieuroffizieren des Heeres sowie Schiffern und Steuerleuten der Handelsmarine zusammen, die sich freiwillig zur Marine gemeldet hatten.

Prinz Adalbert von Preußen

Ein ebenfalls ehemaliger Ingenieuroffizier, Major Gaede, begann gleichzeitig damit, in Stettin ein Marinekorps bzw. Marinebataillon aufzustellen. Mit A.K.O. vom 23. Dezember 1849 wurde nach dem Waffenstillstand mit Dänemark, der am 5. August 1849 geschlossen wurde, das Bataillon in ein Marine-Korps und in eine Matrosen-Stammdivision geteilt. Der Etat von 1850 schrieb fest, dass das Korps aus zwei Kompanien mit einer jeweiligen Stärke von 350 Mann zu bestehen habe. Mit dem Umzug der Soldaten am 1. Mai 1852 von Stettin nach Swinemünde begann die Ausbildung für die Aufgaben als Bordkommandos und für den Wachdienst bei den Marineeinrichtungen. Ein besonderer Tag für das Korps wurde der 13. Mai 1852. An diesem Tag wurde es offiziell durch A. K.O. in Seebataillon umbenannt.

Die weiteren politischen Entwicklungen in Europa führten zu einer Verstärkung auf insgesamt vier Kompanien, wenig später kam noch eine weitere Ersatzkompanie hinzu. So betrug die Personalstärke bereits am 3. Dezember 1852 exakt 1002 Mann, zusätzlich der 150 Mann der Ersatzkompanie. Das Fehl wurde durch Freiwilligenwerbung bei Armee- und Landwehroffizieren behoben. Am 4. Januar 1853 wurde wieder die alte Friedensstärke von 350 Mann befohlen.

Die Seebataillone

Allerdings blieb es bei dem bekannten Friedensauftrag, Wachdienst in Häfen, Marineeinrichtungen und Abstellung zu den Bordkommandos als Aufgaben. Der rasante Aufbau der Flotte führte zwangsläufig zu einer weiteren Verstärkung des Bataillons und so wurde am 26. Juni 1853 eine 3. Kompanie aufgestellt, gleichzeitig aber die Mannschaftsstärke um jeweils 25 Soldaten gekürzt. Im Jahre 1854 wurde das Bataillon abschnittsweise auf die gesamte deutsche Küste verteilt. Die 1. Kompanie verlegte am 17. April nach Danzig, wo auch das neue Marine-Stations-Kommando eingerichtet wurde, das am 18. September den Bataillonsstab aufnahm. Die 2. Kompanie wurde am 27. Juli nach Stralsund in Marsch gesetzt. Doch bereits ab 3. März 1855 wurde diese nach Danzig zurückbeordert. Ewiges Soldatenleid, das alle Soldaten kennen. Um endlich das ständige Problem „Offiziernachwuchs" in den Griff zu bekommen, wurde mit A.K.O. vom 23. Dezember 1856 die Bildung eines Seewehr-Offizierkorps befohlen. Eine weitere Maßnahme, das Seebataillon zu verstärken, war der mit A.K.O. vom 31. Oktober 1857 ergangene Befehl an die Artillerieregimenter 1 und 2. Diese hatten zur Aufstellung einer Seewehr-Kompanie vier Offiziere und 148 Unteroffiziere/Mannschaften abzugeben.

Premier-Lieutenant und Seesoldat um 1852

Diese Kompanie stellte die Besatzungen für die neu geschaffenen Küstenbefestigungen und die Ruderkanonenboote. Bereits am 1. Juli 1859 wurden die 2. Kompanie in Stralsund und wenig später die 4. Kompanie in Danzig aufgestellt.

Die Aufstellung der 3. Kompanie am 1. Juli 1866 erfolgte ebenfalls in Stralsund. Da nichts so beständig ist wie die Veränderung, erfolgte mit A.K.O. vom 31. Januar 1867 der Befehl, die Kompanien aus dem Seebataillon wieder herauszulösen. Sie wurden zunächst als selbstständige Seeartillerie-Abteilung geführt und diese erhielt im Oktober 1871 den Namen Matrosenartillerie.

Preußen hatte am 14. August 1865 das Kommando im Kieler Hafen übernommen. Damit begann für die Fördestadt der Ausbau zum wichtigsten Hafen der damaligen Marine. Logischerweise wurde auch die Marinestation Ostsee von Danzig nach Kiel verlegt. Die zur Sicherung des Hafens vorgesehene Festung Friedrichsort wurde ausgebaut und armiert. Am 24. Juni rückten die 1. und 3. Kompanie ein, ab dem 13. September folgten der Bataillonsstab, die 2. und 4. Kompanie und die 2. Seewehr-Kompanie. Weitere Verstärkungen erfolgten 1869 durch Aufstellung der 5. und 1871 der 6. Kompanie. Im selben Jahr begann aber schon die Verlegung von Seesoldaten zur Marinestation Nordsee, eingerichtet im neu entstandenen Kriegshafen Wilhelmshaven. Während die 1. Kompanie bereits am 15. November dort eintraf, dauerte es bis zum 1. Juni 1873, bis die 2. Kompanie folgte.

Die folgende Aufstellung zeigt eindrucksvoll die personelle Entwicklung des Seebataillons:

	1853	1859	1870	1871	1878	1885
Offiziere	14	22	29	32	32	32
Feldwebel	3	4	5	6	13	14
Fähnriche	3	4	-	-	-	
Sergeanten/ Unteroffiziere	28	54	84	101	94	102
Gefreite	40	64	80	96	120	120
Spielleute	15	20	25	30	30	30
Seesoldaten	335	448	625	762	738	733
Handwerker/	-	-	25	30	30	32
Hoboisten/	1	-	-	-	-	37
Unterzahlmeist./	2	-	-	-	-	-
Schreiber/	3	-	-	-	-	-
Ärzte/	1	-	-	-	-	-
Büchsenmacher	-	-	-	-	-	-

Als am 19. Juli 1870 Frankreich Preußen den Krieg erklärte, war bereits am 28. Juli 1870 die volle Kriegsstärke des Seebataillons erreicht: 27 Offiziere, fünf Feldwebel, 99 Sergeanten/Unteroffiziere, 100 Gefreite, 50 Spielleute, 1 000 Seesoldaten. Daneben wurde ein Reserve-Bataillon aufgestellt, welches zum Küstenwachdienst eingesetzt wurde. Am 18. März 1871 wurde die Demobilmachung durchgeführt. Am 1. Oktober 1886 wurde das Seebataillon in zwei Halbbataillone geteilt. Daraus entstand mit Wirkung vom 1. April 1889 eine neue Dislozierung, jeweils zwei Bataillone mit je vier Kompanien. So wurde in Kiel das I. Seebataillon und in Wilhelmshaven das II. Seebataillon aufgestellt. Außerdem wurde eine eigene Inspektion der Marineinfanterie mit Sitz in Kiel gegründet. Ihr Chef wurde Oberst von Roques.

Matrose, Seesoldat und Seekadett der Königlich Preußischen Marine um 1863

Da China sich geweigert hatte eine deutsche Militärstation in den chinesischen Vertragshäfen Tientsin und Hankou zuzulassen, war die Ermordung der deutschen Missionare Franz Nies und Richard Henle am 1. November 1897 der äußere Anlass zur Besetzung der Bucht von Kiautschou. Sie lag vor einem für Ein- und Ausfuhr gleichermaßen interessanten Hinterland, konnte auch von tiefgehenden Schiffen angelaufen werden und eröffnete die Möglichkeit „die zum Schutze des Handels nötigen maritimen Anlagen zu schaffen und der im Interesse des Deutschtums in Ostasien stationierten Flotte einen Stützpunkt für etwaige Operationen zu geben", wie der Geologe Ferdinand Freiherr von Richthofen erkannte.

Am 30. November 1897 begann die befohlene Aufstellung einer Auslandstruppe. Kommandeur Major Kopka von Lossow wurden vom I. Seebataillon die 1. und 2. Kompanie, vom II. Seebataillon die 3. und 4. Kompanie unterstellt und durch weitere 230 Freiwillige aller Armeekorps verstärkt. So gingen insgesamt 15 Offiziere und 634 Mann an Bord zahlreicher Dampfer der Handelsmarine.

Die im Standort Kiel verbliebenen Offiziere und Mannschaften des I. Seebataillons wurden zu einer Stammkompanie aufgestockt und diese hatte bereits Ende April 1898 Bataillonsstärke erreicht.

Ab dem 1. Oktober 1908 hielt eine neue Technik Einzug in das I. Seebataillon. Mit A.K.O. vom 27. Juni wurde ein als selbstständige Teileinheit fungierender Telegraphenzug angegliedert und ab 1. Juli 1912 erhielten beide Seebataillone je einen Maschinengewehrzug.

Uniform eines Seesoldaten, 4. Kompanie, III. Seebataillon

Das III. Seebataillon

Das für Kiautschou in Marsch gesetzte Marineinfanterie-Bataillon bildete seine Rekruten noch während der Überfahrt nach China an den neuen Handwaffen M 88 aus, mit denen es kurz vorher ausgerüstet worden war. Unterstützt durch eine 300 Mann starke Matrosenartilleriekompanie bildete es eine kampfstarke Truppe, die die Landungsabteilung des in Ostasien stationierten Kreuzergeschwaders ablöste. Am 13. Juni 1898 erhielt das Bataillon durch die A.K.O. den Namen III. Seebataillon und die Matrosenartilleriekompanie die Bezeichnung Matrosen-Detachement. Außerdem wurde dem III. Seebataillon gemäß der A.K.O. vom 4. Dezember 1899 eine Marinefeldbatterie, die beim Detachement dafür aufgestellt worden war, angegliedert. Es verblieb ständig in Tsingtau. Eine weitere, doch etwas sonderbar anmutende Verstärkung, stellte die am 29. März 1902 gebildete 5. (berittene) Kompanie dar, die aus dem Reiterdetachement hervorging und am 26. Juli 1901 den Namen Reiterabteilung erhielt und eine Stärke von vier Offizieren, zwei Ärzten, einem Zahlmeisteraspiranten, 156 Mannschaften und 163 Pferden hatte. Weitere Verstärkungen bildeten der durch A.K.O. vom 27. September 1910 gebildete Pionierzug; Stärke: ein Offizier, 68 Mannschaften, und der Maschinengewehrzug, der am 12. Juli 1904 mit einem Offizier und 40 Mannschaften hinzukam und am 25. Februar 1908 verdoppelt, als Maschinengewehrkompanie mit nun acht Maschinengewehren in das III. Seebataillon integriert wurde. Zu erwäh-

nen ist außerdem, dass das im Dezember 1897 miteingeschiffte Musikkorps zu Krankenträgern, bzw. Hilfskrankenträgern ausgebildet wurde. Selbst eine Chinesenkompanie wurde 1898 versuchsweise aufgestellt, 1908 aber in eine Polizeitruppe umgewandelt.
Mit A.K.O. vom 17. August 1898 wurden zum 1. Oktober zwei Stammkompanien zur Ergänzung gebildet und jeweils eine dem I. und II. Bataillon unterstellt. Am 28. September 1901 verlegte die Stammkompanie des I. Bataillons von Kiel nach Wilhelmshaven und bildete dort eine Stammkompanie III. Seebataillon. Am 1. Februar 1913 verlegte diese nach Cuxhaven.

Standorte der Marineinfanterie/Seebataillone

Zur Zeit des Großen Kurfürsten befanden sich die Standorte seiner Marineinfanterie in Ostfriesland, nämlich in Emden und Greetsiel, den bedeutendsten Städten seines Herrschaftsbereiches in Ostfriesland. In seinen westafrikanischen Besitzungen entstanden Garnisonen in Großfriedrichsburg und Arguin.

Im Königreich Preußen und im späteren Deutschen Kaiserreich wurden die Standorte aus den Provinzen Pommern und Westpreußen nach Westen verlegt. Von Stettin, Swinemünde, Stralsund und Danzig zogen die Soldaten nach Kiel, Wilhelmshaven und Cuxhaven. In der Zeit des Deutschen Kaiserreichs erforderten die Aktivitäten in den Kolonien und Schutzgebieten die Einrichtung von Kasernenanlagen in Peking und Tientsin, Kiautschou, Tsingtau, Syfang , Schatsykou und Kaumi. Wegen des Einsatzes der Marineinfanterie in Albanien wurde die Garnison Skutari gegründet.

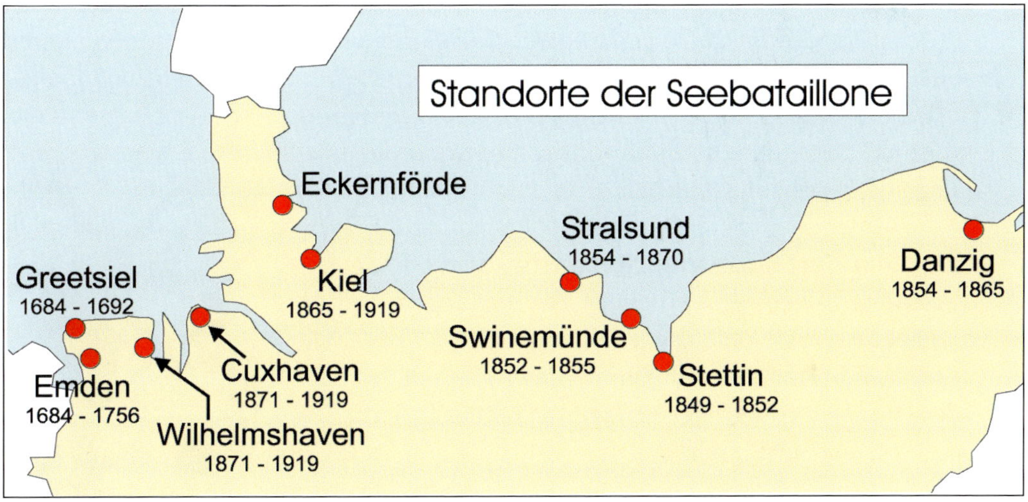

Der Standort Emden - 1684-1756

Die günstige Lage Emdens auf einem Geestrücken an der Meeresbucht des Dollarts führte bereits um 800 zur Ansiedlung. Unter der Häuptlingsfamilie der Abdenas wurde es zu einem wichtigen Handelshafen in Europa. 1432 eroberte die Häuptlingsfamilie der Cirksena den Hauptort des Emsigerlandes, das dann 1453 in der Reichsgrafschaft Ostfriesland aufging und 1464 ihre Hauptstadt wurde. Die Nähe zu den wirtschaftlich aufblühenden Niederlanden wirkte sich jedoch negativ auf Emden aus. Die Stadt verlor an Bedeutung. Die Stärke der brandenburgischen Garnison betrug zunächst 100 Infanteristen, die durch den am 5. September 1684 geschlossenen Vertrag aufgestellte Compagnie der Marine abgelöst wurden. Zunächst waren 110 Bewaffnete vorgesehen, eine weitere Verstärkung in Aussicht gestellt. Es kam deshalb 1688 zur Aufstellung der 4. Kompanie. Bis zur Umwandlung des Verbandes 1757 blieben ständig zwei Kompanien stationiert.

Kurfürstlich Brandenburgische Kriegsflagge

Der Standort Greetsiel - 1684-1692

Geschützt durch die ostfriesischen Inseln liegt Greetsiel an der Leybucht, direkt am Meer und reich geworden durch den sehr einträglichen Fischfang, wurde Greetsiel schon früh von der Häuptlingsfamilie der Cirksena befestigt und mit einer Burg gesichert. Die ständigen Streitigkeiten zwischen den Häuptlingen, den drei Ständen und den Städten führte dazu, dass der deutsche Kaiser den Großen Kurfürst als Schlichter einsetzte. Greetsiel wurde am 6. November 1682 erobert und mit 200 Mann als brandenburgische Garnison belegt. Diese wurden 1685 durch die neu aufgestellte 2. Kompanie des Marine-Corps abgelöst und 1687 durch eine 3. Kompanie verstärkt. Die sich friedlich entwickelnde Region bewirkte, dass 1692 die beiden Kompanien ihre Daseinsberechtigung verloren und aufgelöst wurden. Dies bedeutete auch das Ende der Garnison Greetsiel.

Der Standort Großfriedrichsburg - 1684-1721

Die noch heute gut erhaltene Festung liegt an der Atlantikküste, der Goldküste im heutigen Staat Ghana. Die Garnison befand sich auf einem Hügel westlich des Kaps der Drei Spitzen und der heutigen Hauptstadt Accra. Ge-

Großfriedrichsburg

gründet wurde sie infolge des durch den Großen Kürfürsten befohlenen Expedition des brandenburgischen Majors von der Gröben, der im Juli 1682 aus dem dänischen Glückstadt mit der leichten Fregatte MORIAN und der Fregatte KURPRINZ in Richtung Afrika auslief und am 1. Januar 1683 nach erfolgreichen Verhandlungen mit den lokalen Häuptlingen die brandenburgische Flagge hisste.

Mit dem mitgebrachten Baumaterial und Kanonen der Fregatten wurde die Festung Großfriedrichsburg erbaut. Der Kommandant war in Personalunion „Generaldirektor im Namen seiner Kurfürstlichen Durchlaucht von Brandenburg und dessen Afrikanischer Kompagnie“ und damit Gouverneur aller brandenburgischen Besitzungen an der Goldküste. Dazu zählten neben der Festung die Schanze „Sophie Louise“ am Kap der Drei Spitzen, die „Dorotheenschanze“ mit der Ortschaft Accada/Axim und die Schanze bei der Ortschaft Taccarary/Anta. Am Anfang bestand die Garnison aus 40 Seeleuten und regulären Soldaten. Das ungesunde Klima und die mangelhafte medizinische Versorgung machten eine ständige Auswechselung erforderlich, die Todesrate unter den Seeleuten und Soldaten war erschreckend hoch. 1686 betrug die Stärke 59 Mann, die nach dem Verkauf der Festung im November 1717 auf 25 reduziert wurde und bis 1721 konstant blieb, um noch bestehende Rechte zu sichern.

Der Standort Arguin - 1684-1721

Die Insel Arguin liegt südöstlich des Kap Blanco an der Atlantikküste Mauretaniens, dem heutigen Parc du Banc d`Arguin. Sie gehörte 1455 den Portugiesen, 1632 eroberten sie die Niederländer, verloren diese aber 1678 an Frankreich. Nachdem die Franzosen die Befestigungen geschleift hatten, verließen sie Arguin. Am 1. Oktober 1686 besetzte Kapitän Reers die Insel, der mit der leichten Fregatte ROTER LÖWE auf der Suche nach einer Zwischenstation auf dem Weg in die brandenburgische Besitzung an der Goldküste war. Sofort begann der Wiederaufbau der Festung. Im Jahre 1702

Darstellung von Seesoldaten auf der Pier in Pillau vor dem Auslaufen nach Westafrika. Im Hintergrund die Fregatten KURPRINZ und MORIAN, um 1682.

betrug die Anzahl der Garnisonssoldaten gerade 17 Mann; 1721 sogar nur noch sieben. Auch hier waren wegen des ungesunden Klimas und der damit verbundenen zahlreichen Krankheitsfälle ständige Ersatztransporte notwendig. Mit dem Verkauf Großfriedrichsburgs ging auch die Insel Arguin in den Besitz der Niederländer über.

Der Standort Stettin - 1849-1852

Im 11. Jahrhundert hatte sich Stettin aus einer Bauernsiedlung an der westlichen Seite der Odermündung gelegen, zur größten Stadt Pommerns entwickelt und wurde folglich Residenzstadt der pommerschen Herzöge. Die Schweden, die 1648 Stettin besetzt hatten, wurden 1720 von den Preußen gezwungen den südlichen Teil Vorpommerns abzutreten. Stettin wurde preußische Garnisonsstadt für Heer und Marine. Die Schweden, die bis 1815 blieben, bildeten aber weiterhin eine ernstzunehmende Gefahr für die Region. So wurde Stettin bei der Aufstellung des Marine-Corps am 23. Dezember 1849 Garnison. Die beiden Kompanien zogen in die Frauenthor-Kaserne. Am 1. Mai 1852 verlegte das Preußische Seebataillon nach Swinemünde.

Der Standort Swinemünde - 1852-1855

Die günstige Lage der Siedlung an der Odermündung, flankiert von den Inseln Usedom und Wolgast und ein Fährübergang über die Swina waren ein begehrtes Objekt für den Bischof Otto von Bamberg, der diese Region zwischen 1128 und 1261 missionierte und besetzte. Durch den 30-jährigen Krieg fiel diese an Schweden. Die Schweden blieben in Swinemünde bis zum Frieden von Stockholm im Jahre 1720. Im Jahre 1738 baute Preußen dort einen Hafen, vertiefte das Swinefahrwasser und sorgte so dafür, dass das 1765 die Stadtrechte erworbene und an das Eisenbahnnetz angeschlossene Swinemünde eine herausragende Bedeutung als Hafenstadt erhielt.

Die zum 1. Mai 1852 durchgeführte Verlegung des Preußischen Seebataillons nach Swinemünde stieß zunächst auf Schwierigkeiten. Unterkünfte waren nicht vorhanden, deshalb mussten die Soldaten in Bürgerquartieren untergebracht werden. Nachdem das Marine-Stationskommando in Danzig seine Arbeit aufgenommen hatte, wurde durch Allerhöchste Kabinetts-Ordre vom 17. April 1854 die Verlegung der 1. Kompanie dorthin befohlen. Der Stab folgte am 19. September 1854. Die 2. Kompanie wurde am 1. August 1854 nach Stralsund verlegt. Sie hatte hier das Marinedepot und die Befestigungsanlage Dänholm zu bewachen. Die in Swinemünde verbliebene 3. Kompanie wurde durch Allerhöchste Ordre vom 14. März 1885 im Rahmen der Zusammenfassung des Preußischen Seebataillons nach Danzig verschifft.

Garde Mariniers um 1831

Der Standort Stralsund - 1854-1870

1209 wurde der Ort Stralsund gegründet. Die strategisch wichtige Lage gegenüber der Insel Rügen und dem Strelasund weckte schnell Begehrlichkeiten. Der Aufschwung als Hansehafen wurde 1648 mit der Besetzung der Stadt durch die Schweden unterbrochen. Erst 1815 gelang Preußen die Übernahme Stralsunds. Das Marinedepot und die Befestigungsanlage Dänholm wurden wie berichtet von der 2. Kompanie betreut. Am 1. August 1855 zogen drei Offiziere, ein Feldwebel, ein Fähnrich, vier Sergeanten, sieben Unteroffiziere, zehn Gefreite, 96 Seesoldaten und fünf Spielleute in Stralsund ein.

Der Standort Danzig - 1854-1865

Das 980 gegründete Danzig mit seiner exponierten Lage an der Weichselmündung und der Danziger Bucht war Sitz der slawischen Herzöge von Pomerellen, dem späteren Westpreußen. Nach dem Aussterben dieses Herrscherhauses nahm der Deutsche Ritterorden die Stadt in seinen Besitz. Bis 1454 blieb sie freie Stadt im polnischen Staatsverband. Erst 1793 und dann endgültig 1814 kam Danzig zu Preußen. Mit Aufstellung des Marine-Stationskommandos wurde durch die Allerhöchste Kabinetts-Ordre vom 17. April 1854 die Verlegung der 1. Kompanie des Seebataillons am 26. Juni 1854 von Swinemünde nach Danzig verfügt. Der Stab folgte am 19. September 1854.

Am 14. März 1855 bestimmte eine Strukturänderung die Zusammenfassung des Preußischen Seebataillons in Danzig. Dazu verlegten die 2. Kompanie aus Stralsund und die 3. Kompanie aus Swinemünde am 29. Juni 1855 nach Danzig. Da keine Kasernenanlagen vorhanden waren, wurden Bürgerquartiere bezogen. Weitere Abgaben anderer Einheiten führten zur Aufstellung der 4. Kompanie. Nach Beendigung des deutsch-dänischen Krieges im Jahre 1864 verlegte man das Bataillon nach Kiel. Am 24. Juni 1865 zogen die 1. und 3. Kompanie in die Seefestung Friedrichsort. Der Stab und die 2. und 4. Kompanie folgten am 13. September 1865. Danzig war nun ohne Seesoldaten.

Der Standort Kiel - 1865-1919

Anfang des 13. Jahrhunderts wurde Kiel durch das Haus Schaumburg gegründet, kam dann nach kurzer Zugehörigkeit zu Oldenburg/Holstein, 1448 zu Dänemark. Die gute Lage an der Förde mit dem Zugang zur Ostsee bewirkte einen rasanten wirtschaftlichen Aufschwung. Obgleich Holstein von Dänemark verwaltet wurde, gehörte es immer noch zum Deutschen Reich und ab 1815 zum Deutschen Bund. Als Dänemark vertragswidrig diese Verträge zu seinen Gunsten änderte, kam es zu den Kriegen 1848/49 und 1864.

Mit Ende des Krieges 1864 wurde in Kiel eine Marinestation eingerichtet. Die ehemals dänische Festung Friedrichsort wurde in Stand gesetzt und am 24. Juni 1865 durch die 1. und 3. Kompanie des Preußischen Seebataillons bezogen. Am 13. September 1865 brachte SMS VINETA den Stab, die 2. und die 4. Kompanie in ihre neue Garnison. Aber auch der Platz in der Kasernenanlage in der Fleethörn reichte nicht aus, Bürgerquartiere mussten vorübergehend bezogen werden.

Zur ernsten Krise kam es ab dem 7. Juni 1866. Im sogenannten deutschen Krieg stand dem durch eingezogene Reservisten auf volle Kriegsstärke gebrachte Seebataillon das österreichische Jägerbataillon 22 kampfbereit gegenüber. Es kam nicht zu Kampfhandlungen, da sich die Österreicher aus Kiel zurückzogen. Das Seebataillon besetzte daraufhin die Fördeküste von Kiel bis Laboe. Der Ausbau der Marine führte auch zu einer Aufstockung der Personalstärke des Seebataillons. So wurden am 1. Oktober 1869 eine 5. Kompanie und am 1. Oktober 1871 eine 6. Kompanie aufgestellt. Der Bau des neuen Kriegshafens Wilhelmshaven führte dazu, dass am 15. November 1871 die 1. Kompanie und am 1. Juni 1873 die 2. Kompanie zu Wachaufgaben dorthin verlegt wurden. Die Allerhöchste Ordre vom 7. September 1886 bestimmte die Verlegung der 4. Kompanie am 1. Oktober 1886 im Eisenbahntransport in die neue Stadt am Jadebusen. Große Auswirkungen hatte die Allerhöchste Ordre vom 12. März 1889. Diese befahl die Aufstellung von zwei einsatzfähigen Bataillonen mit jeweils vier Kompanien, dem I. Seebataillon in Kiel und dem II. Seebataillon in Wilhelmshaven. Beide wurden der neu gebildeten Inspektion der Marine-Infanterie in Kiel unterstellt. Am 1. Oktober 1904 bezog das nun I. Seebataillon die Liegenschaft der früheren Werftdivision in Gaarden.

Der Standort Wilhelmshaven - 1871-1919

Die strategisch wichtige Lage einer oldenburgischen Befestigung am Jadebusen führte nach Verhandlungen zwischen Preußen und dem Oldenburger Herrschaftshaus zum Bau eines neuen Marinestandortes, der Stadt Wilhelmshaven, die Prinz Adalbert von Preußen am 23. November 1853 für die Marine bestimmte. Die Bewachung der umfangreichen Marineeinrichtungen übernahmen die am 15. November 1871 eingetroffene 1. Kompanie und die am 1. Juni 1873 folgende 2. Kompanie des Preußischen Seebataillons aus Kiel. Nachdem die Garnison Geestemünde der Marinestation Nordsee unterstellt wurde, musste die 4. Kompanie am 7. September 1886 ebenfalls von Kiel nach Wilhelmshaven verlegen. Es folgte dann die bereits bekannte Aufstellung des II. Seebataillons gemäß der Allerhöchsten Ordre vom 12. März 1889.Von hier aus marschierte es im August 1914 nach Flandern.

Nach Beendigung des Ersten Weltkrieges wurde aus den heimkehrenden Marineinfanteristen das Freikorps „Schwarze Jäger“ gebildet und in den Revolutionswirren des Jahres 1919 eingesetzt. Es stürmte erfolgreich in der Nacht vom 27. auf den 28. Januar 1919 die „1000-Mann-Kaserne“ in Wilhelmshaven, das Hauptquartier des Revolutionären Komitees.

Der Standort Tsingtau - 1897-1914

Tsingtau, das heutige Dingdao, liegt an der Ostküste Chinas am Ostchinesischen Meer, auf einer Landspitze zur Einfahrt in die Bucht von Kiautschou. Die am 14. November 1897 durchgeführte Besetzung der Bucht von Kiautschou durch die Ostasiatische Kreuzerdivision unter Vizeadmiral Diederichs war nur vordergründig mit der Ermordung zweier deutscher Missionare gerechtfertigt worden.

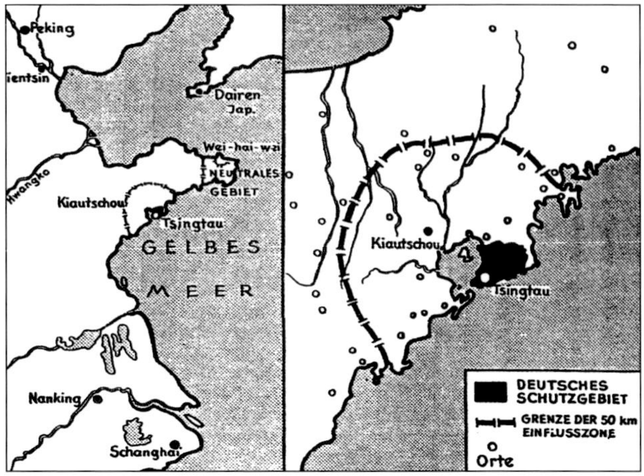

Kartenskizze von Tsingtau und Kiautschou

In die Unterkünfte der auf fünf Lager verteilten ca. 3 000 Mann starken chinesischen Truppen zogen nach deren Abzug die Landungskorps der Schiffe und das III. Seebataillon. Es wurden zusätzlich eine drei Blöcke umfassende Kasernenanlage und Feldbefestigungen gebaut. Mit Beginn des I. Weltkrieges forderten die mit Großbritannien verbündeten Japaner die Deutschen am 15. August 1914 zur bedingungslosen Kapitulation und Übergabe des Schutzgebietes bis zum 15. September 1914 auf. Die aus Peking und Tientsin ab 1. August 1914 zur Verstärkung herbeigeholten Einheiten des Ostasiatischen-Marine-Detachements verteidigten sich hartnäckig gegen die Japaner, die aber am 7. November 1914 nicht mehr abgewehrt werden konnten. Die deutsche Besatzung kapitulierte und geriet in japanische Gefangenschaft.

Der Standort Syfang - 1898-1914

Syfang befindet sich nordostwärts von Tsingtau an der Innenseite der Bucht von Kiautschou. Nach Auflösung des Ostasiatischen Expeditionskorps 1901 und dessen Umstrukturierung in die Ostasiatische Besatzungs-Brigade verlegte das I. Bataillon des 1. Ostasiatischen Infanterieregiments nach Syfang. Es wurde dort 1906 durch die 1. Kompanie des III. Seebataillons abgelöst. Bei Beginn der Kampfhandlungen mit den Japanern wurde die Garnison im Zuge des Verzögerungsgefechtes am 28. September 1914 geräumt. Die 1. Kompanie zog sich nach Tsingtau zur Unterstützung ihrer Kameraden zurück.

Der Standort Kiautschou - 1898-1905

Kiautschou, früher direkt am Meer gelegen, befindet sich durch erhebliche Ablagerungen von Schwemmsand seit langer Zeit an der südlichen Seite der Halbinsel Schantung. Die besondere Funktion als Verwaltungsort und die besonderen Lage in der sogenannten „Neutralen Zone“ führten zu der Stationierung der 1. Kompanie des III. Seebataillons. Sie besetzte von dort aus Posten in den nahe gelegenen Stützpunkten Taputou, Lantsun und Likotschuang. Bei Ausbruch des I. Weltkrieges lagen hier keine Soldaten mehr. Der Ort und seine vorgeschobenen Stützpunkte fielen den Japanern am 19. September 1914 kampflos in die Hände.

Der Standort Kaumi - 1898-1906

Der Ort Kaumi liegt westlich von Tsingtau im Landesinneren von Schantung an der Bahnlinie Tsingtau-Tsinan. Die Lage des Ortes weit westlich von Tsingtau aber noch innerhalb der „Neutralen Zone“ bewog den deutschen Gouverneur, einen militärischen Stützpunkt einzurichten. Mit Befehl vom 25. August 1900 wurde hier die 5. (berittene) Kompanie des III. Seebataillons stationiert. Die sich entspannende Lage mit China machte diesen Stützpunkt bald überflüssig. So bewirkte der Gouvernementsbefehl vom 5. November 1905 die Rückkehr der Reiter etappenweise bis zum 2. April 1906 nach Tsingtau.

Der Standort Schatsykou - 1898-1914

Schatsykou liegt ostwärts von Tsingtau an der Außenseite der Bucht von Kiautschou. Vor dem kleinen Fischerdorf befand sich die einzige seichte Landungsstelle an der Außenbucht. Es war daher von großer Wichtigkeit, hier einen befestigten Posten durch das III. Seebataillon einzurichten. Das Detachement Schatsykou unter Führung von Oberleutnant Trendelburg musste nach Beginn des I. Weltkrieges diesen Posten am 25. September 1914 nach starkem japanischen Artilleriefeuer räumen. Nach der Kapitulation versammelte der Kommandeur des III. Seebataillons, Oberstleutnant Kessinger, die restlichen Seesoldaten in Schatsykou, um möglichen Sabotageakten in Tsingtau aus dem Wege zu gehen. Von dort erfolgte der Marsch in die Gefangenschaft.

Der Standort Peking - 1909-1914

Die ersten Spuren von Peking stammen aus der Zeit um ca. 1000 v. Chr.. Im Jahre 400 erhielt Peking in der Ming-Dynastie seinen Namen, chinesisch Beijing. 1644 beendeten die Mandschu die Herrschaft der Ming. Zwar bauten sie die Stadt weiter aus, aber ihre Unfähigkeit und Korruption führten 1900/1901 zum sogenannten Boxeraufstand und 1911 zur Revolution. Warlords und Ausländer kämpften um die Kontrolle der Stadt und über das ganze Land. Die Aufnahme diplomatischer Beziehungen des Deutschen Kaiserreiches mit China führte zur Einrichtung einer Gesandtschaft in Peking. Die Gesandtschaft wurde zunächst nur von den Landungskorps der vor China liegenden deutschen Kriegsschiffe gesichert. Die Krise im chinesischen Herrscherhaus und der Hass auf die Femden um 1900 veranlassten die deutsche Reichsregierung einen Zug Marine-Infanterie des III. Seebataillons unter Führung von Oberleutnant Graf von Soden nach Peking in Marsch zu setzen. Während des Boxeraufstandes verteidigte dieser Zug die deutssche Gesandtschaft. Nach den Kämpfen wurden Teile des Ostasiatischen Expeditionskorps, von 1902 - 1906 Teile der Ostasiatischen Besatzungs-Brigade, von 1906 - 1909 Teile des Ostasiatischen Detachements und schließlich ab 1909 das aus drei Kompanien bestehende Ostasiatische Marine Detachement in Peking stationiert.

Der Standort Tientsin - 1909-1914

Tientsin, der wichtige Handelsplatz im Einflussbereich der Hauptstadt Peking, liegt an der Kreuzung des Peiho Flusses und des Kaiser Kanals. Tientsin war deshalb eine bedeutende Schnittstelle zwischen dem Binnen- und dem Überseehandel. Die Frankreich und Großbritannien im Jahre 1858 gewährten Sonderrechte über den Handelsplatz wurden bei der Aufnahme der Beziehungen zu Deutschland auch auf das Kaiserreich übertragen. Bei Beginn des Boxeraufstandes 1900 wurden die deutschen Einrichtungen durch ein Matrosendetachement unter Kapitänleutnant Kühne gesichert. Am 10. Juni 1900 wurde dieses durch einen Zug Marine-Infanterie des III. Seebataillons unter Leutnant Wenzel verstärkt.

In dem internationalen Expeditionskorps, das die eingeschlossenen Europäer am 23. Juni 1900 beim Boxeraufstandes entsetzte, kämpften die 2. und 4. Kompanie des III. Seebataillons. Nach den Kämpfen bezogen Teile des Ostasiatischen Expeditionskorps dort ihre Stellungen von 1902 - 1906, dann Teile des Ostasiatischen Detachements und ab 1909 zwei Kompanien des Ostasiatischen Marine.

Der Standort Cuxhaven - 1871-1919

Schon immer weckte die Siedlung zwischen Elbe- und Wesermündung mit direktem Zugang zur Nordsee das Interesse besonders der Hamburger Kaufleute.

Das unterhalb Hamburg liegende Stade kassierte von allen Kauffahrteischiffen Zoll. Mit der Besitznahme von Ritzebüttel an der Elbmündung, dem späteren Cuxhaven, entfiel die Zahlung, weil die Kauffahrteischiffe der Stadt Stade fortan bei Ritzebüttel Zoll an Hamburg zahlen mußten. Fazit: „Nimmst du mir, nehme ich dir". Die Insel Neuwark, zeitweilig Stützpunkt Störtebekers, wurde Stützpunkt der Hamburger Kriegsschiffe, z.B. der BUNTEN KUH. Der dort von den Hamburgern im Jahre 1394 errichtete Leuchtturm gab nicht nur Sicherheit für die Schifffahrt, sondern das „Nyge Wark" auch der Insel den Namen Neuwerk. Die nach der Reichsgründung 1871 militärisch stark ausgebaute Stadt erhielt durch Abgaben des I. und II. Seebataillons, der 4. Marineartillerie-Abteilung Cuxhaven und von Infanterieregimentern des X. Armeekorps das III. Seebataillon. In Cuxhaven verblieb das Stammbataillon, das jährlich ca. 300 Seesoldaten für das nach Tsingtau verlegte Bataillon ausbildete.

Der Standort Skutari - 1913-1914

Skutari liegt im Norden von Albanien in der Tiefebene zwischen der Küste des Mittelmeeres und den Bergen des Sandschaks. Die Stadt lag bis 1040 unter

Einmarsch des Landungskorps der BRESLAU in Skutari 1913

serbischer, ab 1396 unter venezianischer Herrschaft. 1479 eroberten osmanische Truppen die Stadt. Die Zeit bis zum Anfang des 20. Jahrhunderts war geprägt von den Aufständen gegen die Osmanen und den Aktivitäten der Befreiungsbewegung „Liga von Prizren“. Serbien und Montenegro belagerten im Balkankrieg 1913 Skutari sieben Monate lang und eroberten sie schließlich.

Die Botschafterkonferenz in London setzte den Abzug der Truppen im März 1913 durch und sprach dem neu gegründeten Staat Albanien diese Stadt zu. Zur Sicherung wurde ein internationales Schutzkorps gebildet. Der Deutsche Beitrag wurde zunächst durch das Landungskorps des Kreuzers SMS BRESLAU geleistet. Dieses Landungskorps wurde von einer aus dem I. und II. Seebataillon am 2. Juli 1913 in Wilhelmshaven aufgestellten Marine-Infanterie Kompanie abgelöst, die am 6. Juli 1913 in Albanien eintraf. Da die Österreicher ihr bataillonstarkes Kontingent am 4. August 1914 wegen des beginnenden I. Weltkrieges abziehen wollten, zog auch Deutschland seine Kompanie ab. Am 6. August 1914 ging sie an Bord des österreichischen Dampfers SOPHIE VON HOHENBERG und fuhr nach Hause.

Auswahlkriterien und Ausbildung der Seesoldaten

Mit dem Jahre 1852 beginnend, wurden die Seesoldaten für eine dreijährige Dienstzeit eingezogen und füllten somit die Kompanien turnusgemäß auf. Ausgehoben wurden junge Männer aus allen Bereichen sämtlicher Armeekorps, mit Vorliebe nahm man jedoch kräftige Männer, die ihren Zivilberuf auf Seen und Flüssen ausübten. Ab 1884 wurde eine Mindestgröße von 1,67 m gefordert.

Um als längerdienender Seesoldat Unteroffizier werden zu können, waren zahlreiche Ausbildungsgänge zu bestehen. Es mussten zunächst die Beförderungsbestimmungen der Infanterie erfüllt sein und der Nachweis einer erfolgreichen Ausbildung im Geschützexerzieren erbracht werden. Um Sergeant zu werden, war ein viermonatiger Seedienst erforderlich. Jedoch reichte dann Ende der 80er Jahre auch eine entsprechende gute Beurteilung zur Beförderung zum Sergeanten aus.

Das Offizierkorps wurde ab 1854 mit Anwärtern aufgefüllt, die das übliche Reifezeugnis nachzuweisen hatten. Nachdem die Fähnrichsstellen 1866 wegen des geringen Bedarfs gestrichen wurden, ging man dazu über, ausgebildete Infanterieoffiziere für eine begrenzte Zeit zum Dienst im Seebataillon zu werben. Sie kehrten nach der benötigten Verwendungszeit im Seebataillon zu ihrer alten Einheit zurück. Eine sinnvolle Personalpolitik besonders im Hinblick auf die Bildung von Expeditionskorps war dies nicht. So wurde vielfach auf Rekruten und Einjährige zurückgegriffen. Auch bei den angeworbenen Infanterieoffizieren fehlte vielfach aufgrund der kurzen Zeit eine effektive Einsatzfähigkeit. Es war deshalb nicht verwunderlich, dass viele Seeoffiziere viel besser in der Lage waren, Landungsoperationen vorzubereiten und durchzuführen als Infanterieoffiziere.

Die Seesoldaten wurden von Anfang an nach den Ausbildungsvorschriften der Infanterie ausgebildet. Allerdings wurden die Richtlinien speziell für deren Dienst überarbeitet und von unnötigem „Ballast“ befreit. Es wurde ausdrücklich im Organisations-Reglement vom 7. Juli 1854 für das Marinepersonal betont, dass das Seebataillon eine Infanterietruppe sei, trotz Garnisonsdienst an Bord und in den Marinestützpunkten, Landungsunternehmungen und Dienst in der Flotte.

Ab 18. März 1857 wurde die Kommandierung von zwei Unteroffizieren und zwei Mannschaften pro Jahr zum Lehr-Infanterie-Bataillon befohlen, um hier ihre Ausbildung zu vertiefen. Auch einige Offiziere bekamen einen entsprechenden Befehl. Ab dem 26. Februar 1857 begann die jährliche Kommandierung je eines Offiziers und dreier Unteroffiziere zur 1. Pionier-Abteilung in Danzig. Sie erlernten dort nicht nur das Handwerk der Pioniere, sondern auch deren Einsatzgrundsätze und bildeten damit die Multiplikatoren in ihren Einheiten.

Der Chef der Admiralität befahl am 4. Mai 1878, dass zur Verbesserung der artilleristischen Kenntnisse jährlich zwei Offiziere und sechs Unteroffiziere an Bord des Artillerieschulschiffs RENOWN, später MARS, kommandiert wurden. Ab 1884 wurden auch Seesoldaten an Festungsgeschützen ausgebildet. So schuf man sich eine Reserve für die Geschützbedienungen. Großen Wert legte man dabei auf die Schießübungen auf schwimmende Scheiben und außerdem auf den Ruderdienst, dem ja bei Landungsunternehmungen eine besondere Rolle zu-

Seesoldat um 1866 mit Infanteriegewehr M 84, die Troddel am entsprechenden Seitengewehr weist ihn als Angehörigen der 2. Kompanie aus

kam. Ein weiterer Schwerpunkt blieb neben der Einzelausbildung im Sport die Ausbildung im Bataillonsrahmen sowie Angriffe auf Küstenwerke und ihre Verteidigung. Den Ausbildungshöhepunkt bildeten dann jeweils Anfang September das Durchführen von Landungsunternehmungen.

Um das taktische Wissen der Offiziere zu schulen, wurden ab 1875 jeweils zwei Offiziere zum IX. Armeekorps (Altona) und X. Armeekorps (Hannover) zu den Herbstmanövern kommandiert, zusätzlich nahm ein Offizier an einem Pionierlehrgang beim Pionierbataillon 9 in Harburg teil.

Die Ausbildung an Bord verlangte viel seemännisches Können, denn auch bei den Segelmanövern hatte jeder Seesoldat seinen festen Platz. Man ging Wache, bediente Geschütze, exerzierte mit Handwaffen und überprüfte die eigenen Kameraden freitags bei der Übung „Klar Schiff zum Gefecht" auf ihre Einsatzbereitschaft. Die Seesoldaten wurden alljährlich vom Kommandeur des Brigade-

Hauptmann, Feldwebel und Seesoldat um 1862

bezirks besichtigt. Verantwortlich für die Ausbildung der Seesoldaten an Bord, war stets der Führer des entsprechenden Detachements.

Ab 1872 wurden keine Seesoldaten-Detachements mehr an Bord von Korvetten kommandiert. Ausnahme blieben bis Ende der 90er Jahre die Panzerschiffe. Auf den Schulschiffen gab es nur noch einen Offizier als Fecht- und Turnlehrer für die Seekadetten und einen für die Ausbildung der Schiffsjungen, die im Kasernenschiff in Mürwik wohnten. Die ersten Schüler der am 1. April 1889 in Lehe gegründeten Marine-Telegraphenschule waren Seesoldaten und Matrosenartilleristen. Man mag heute darüber lächeln, aber als die Armeeeinheiten als eine neue technische Ausrüstung mit Fahrrädern ausgestattet wurden, begann auch für die Unteroffiziere und Mannschaften der Seebataillone ab Mai 1895 eine entsprechende Ausbildung. Nachdem das Deutsche Reich Kolonialmacht geworden war, begann ab Juli 1897 eine entsprechende Spezialausbildung für Seesoldaten im Kolonialdienst: Kriegsmärsche im Busch, Angriffe auf Eingeborenensiedlungen, Überqueren von Gewässern, Überwinden von Hindernissen forderten große körperliche Anstrengungen. Sie waren ein großer Schritt zu einer modern ausgebildeten Marineinfanterie.

Alle Heeres- und Marineteile waren berechtigt, Mannschaften zum freiwilligen Dienst auf drei oder vier Jahre zu verpflichten, die Matrosen-Divisionen auch auf fünf und sechs Jahre. Jedoch durften Mannschaften der seemännischen oder halbseemännischen Bevölkerung nicht bei den Matrosen- und Werft-Divisionen eingestellt werden. Die vierjährig Freiwilligen galten im vierten Dienstjahr als Kapitulanten. Ihnen wurde mit Wirksamwerden der Kapitulations-Verhandlung, wie die Verpflichtungserklärung als Soldat auf Zeit genannt wurde, ein Handgeld ausgezahlt, welches je nach Truppe 50 bzw. so auch beim Seebataillon 100 Mark betrug. Ein recht ansehnlicher Betrag, wenn man bedenkt, dass um 1900 ein lediger Gefreiter 40 Mark, ein verheirateter Unteroffizier 70 Mark Löhnung ohne Zuschüsse monatlich erhielt.

Neben den bereits erwähnten Aufgaben der Seebataillone kam auf das I. Seebataillon ein besonderer Dienst hinzu. Es hatte Ehrenwachen und Ehrenkompanien bei Staatsbesuchen auf dem Kieler Bahnhof, bei Schiffstaufen im Hafen und bei besonderen Schiffspassagen an der Holtenauer Schleuse zu stellen.

Diese umfassende Ausbildung führte auch dazu, dass Seesoldaten an allen Kriegsschauplätzen eingesetzt wurden. Die Verluste des Marine-Korps Flandern während des Ersten Weltkrieges wurden mit rund 10 400 Mann angegeben. Das I. Seebataillon hatte innerhalb der ersten sechs Wochen bereits 2/3 seiner Stärke verloren, das II. Seebataillon sogar 3 000 Mann.

Auflösung des Marinekorps

Das Marineverordnungsblatt 1918 vom 28. Dezember legte den Zeitpunkt der Auflösung des Marinekorps fest. Es hieß dort:

1. Alle im Felde aus oder nach Rückführung des Feldheeres hinter die neutrale Zone in Marsch gesetzten Formationen, Behörden und Truppen des Marinekorps mit Ausnahme des Generalkommandos und der Marineinfanterie Regimenter 1 bis 3 gelten mit dem Tage des Eintreffens beim Stamm-Marineteil, M.K.-Verband, auf einem Truppenübungsplatz in der Heimat, in einer heimischen Marinegarnison oder ähnl. als aufgelöst. Im Zweifelfalle ist die Entscheidung des Staatssekretärs des Reichs Marine Amts einzuholen.

2. Soweit die zu 1. genannten Formationen usw. (ausgenommen das Generalkommando und die Marineinfanterie Regimenter 1 bis 3) z. Zt. noch bestehen, sind sie sofort aufzulösen.

Auflösung ist dem Generalkommando zu melden.

3. Zur Leitung und Abwicklung der Demobilmachung bleibt das Generalkommando des Marinekorps bis auf weiteres bestehen. Die gemäß Demobilmachungsplan im Dienst zurückbehaltenen Angehörigen des Beurlaubtenstandes rechnen nicht zum Friedensstande. Zeitpunkt der Auflösung des Generalkommandos des Marinekorps wird auf dessen Vorschlag besonders angeordnet.

4. Die Überführung der Marineinfanterie Regimenter 1 bis 3 in die Seebataillone und der Zeitpunkt ihres Demobilwerdens regeln sich nach dem Demobilmachungsplan.

5. Wo bei den zu 1. genannten Formationen usw. Abwicklungsstellen gebildet sind, übergeben sie die Geschäfte an das Generalkommando des Marinekorps, das in Wilhelmshaven eingetroffen ist. Hierdurch werden nicht die Verwaltungsabwicklungsstellen, Kassenverwaltungen usw. der aufgelösten oder aufzulösenden Formationen berührt. Für sie folgen Sonderbestimmungen.

Am 1. Februar 1919 wurde das Generalkommando des Marinekorps aufgelöst und aus ihm ein „Abwicklungskommando des Marinekorps“ gebildet, dass der in Wilhelmshaven verbleibenden Marinestation Nordsee unterstellt wurde.

Kampfeinsätze der Marineinfanterie/Seesoldaten

Der Einsatz bei Carlsborg im Jahr 1675

Nach Beendigung des 30-jährigen Krieges waren es besonders Frankreich und Schweden, die ihre eroberten Gebiete zu legitimieren versuchten. Frankreich strebte den Rhein als Ostgrenze an, Schweden neben den Gebieten in Pommern die Mündungsgebiete von Elbe und Weser. Zentren waren hier die Stadt Stade und die bei der heutigen Stadt Bremerhaven gelegene Festung Carlsborg. Absicht der Brandenburger war es, durch Angriffe im Westen die Schweden von dem eigentlichen Ziel, Pommern ganz zu besetzen, abzulenken und von dort Truppen in die gefährdeten Gebiete zu entsenden. Das Marinier-Regiment von Bolsey sollte deshalb von der Nordsee aus die Festung Carlsborg angreifen. So bestiegen am 15. August 1675 569 Soldaten die vom Admiral Raule für 33 750 Gulden pro Monat angemieteten Schiffe des Großen Kurfürsten:

- Fregatte BERLIN mit 16 Kanonen,
- Fregatte KURPRINZ mit 20 Kanonen,
- Fregatte POTSDAM mit 12 Kanonen,
- Fregatte BULLE mit 10 Kanonen und
- Fregatte BIELEFELD mit 6 Kanonen.

Am 18. August 1675 lief der Einsatzverband von Briel an der Maasmündung mit Kurs Wesermündung aus, musste aber wegen eines heraufziehenden Sturms umkehren. Auch der zweite Versuch am 6. September 1675 scheiterte. Erst der dritte Versuch am 29. September 1675 war erfolgreich. Die Landung war äußerst schwierig und brach in den Gegenangriffen der Schweden zusammen. Der Festungskommandeur Jaques Melle hatte zwei Regimenter zur Verfügung, die das Marinier-Regiment in die Flucht schlug und 300 Gefangene machte. Die Reste des Marinier-Regiments wurden nach Glückstadt verschifft. Hier sollte das Regiment für einen erneuten Angriff aufgefüllt werden. Die Disziplin der Soldaten verfiel. Das Regiment wurde deshalb nach Pommern verlegt.

Der Einsatz in Westafrika in den Jahren 1684 - 1721

Mit Argwohn betrachteten die europäischen Mächte die Kolonien des Großen Kurfürsten. Die größten Gegner der brandenburgischen Kolonie in Westafrika waren die Holländer und die Franzosen. Daher ließ der Große Kurfürst die brandenburgischen Befestigungen umgehend mit regulären aus der Heimat mitgebrachten Soldaten verstärken. Die Besatzungsstärken entwickelten sich folgendermaßen:

Modell der Kurbrandenburgischen Fregatte FRIEDRICH WILHELM ZU PFERDE

Großfriedrichsburg

- Am 1. März.1686: ein Sergeant, ein Korporal, zwei Gefreite, 25 Soldaten und 20 Kanonen,
- am 1. Januar.1700: ein Leutnant, drei Sergeanten, vier Gefreite, 30 Soldaten und 42 Kanonen,
- am 20. September 1712: ein Sergeant, ein Korporal, acht Soldaten.

Arguin

Bis 1702 waren dort 20 Soldaten mit 32 Kanonen stationiert. Am 15 April.1702 betrug die Stärke zusätzlich: ein Leutnant, ein Sergeant und 16 Soldaten, und im

März 1708 kamen ein Leutnant, ein Gefreiter und 24 Kanonen hinzu. Aber am 7. Oktober 1687 wurde die mit nur noch acht Soldaten besetzte Dorotheenschanze von 300 Holländern gestürmt und erobert. 1690 gaben die Holländer dann die Schanze an Brandenburg zurück. Ein weiterer Angriff der Holländer auf Groß-friedrichsburg am 12. und 13. Oktober 1687 konnte zwar erfolgreich abgewehrt werden, die Zerstörung der kleinen Schanze bei Taccarary war aber nicht zu verhindern. 1711 wurde die Dorotheenschanze erneut von den Holländern erobert und völlig zerstört verlassen. Mit dem Verkauf der Besitzungen an die Holländer endete schließlich der Einsatz des Marinier-Corps in Westafrika.

Vor diesem Hintergrund ging auch die kurbrandenburgische Fregatte FRIEDRICH WILHELM ZU PFERDE verloren. Am 25. Juli 1692 verließ die Fregatte mit 140 Mann und 34 Kanonen an Bord den Hafen Emden, um Sklaven von Westafrika nach St. Thomas in die Karibik zu bringen. Dort verkauften die Brandenburger die Sklaven an die Franzosen, die mit Kakao und Zucker bezahlten. Diese Waren hatten die Franzosen zuvor von Spaniern und Engländern geraubt. Auf der Heimfahrt am 31. Oktober 1693 vor der nordwestafrikanischen Küste stellten drei französische Kaperschiffe die kurbrandenburgische Fregatte. Es kam zu einem Gefecht, in dem die Franzosen die FRIEDRICH WILHELM ZU PFERDE schließlich kaperten und verbrannten, damit sie nicht Engländern und Holländern in die Hände fiel.

Der Einsatz bei Tres Forcas 1856

Am 7. August 1856 befand sich ein kleines Geschwader unter Führung von Prinz Adalbert von Preußen, an Bord der Dampfkorvette DANZIG, begleitet von den Schiffen THETIS, AMAZONE, HELA und FRAUENLOB im Mittelmeer. Das Geschwader klärte u.a. an der Küste von El Rif auf. Hier war es damals ständig zu Zwischenfällen mit den berüchtigten Rif-Kabylen gekommen. Die Rif-Kabylen waren Piraten. Sie überfielen Handelsschiffe, plünderten sie aus, nahmen die Besatzungen als Geiseln, erpressten hohe Lösegelder oder verkauften die Besatzungen als Sklaven. Auch an diesem Tage wurden die deutschen Schiffe von der Küste aus beschossen. Prinz Adalbert befahl daher, ein 68 Mann starkes Landungskontingent als Strafaktion an Land zu schicken. Mit der Führung des Landungskommandos wurde Leutnant zur See Niesemann betraut. Das Preußische Seebataillon an Bord der Schiffe stellte für das Landeunternehmen einen Zug unter Führung des Premierlieutenant Ewald in Stärke eines Unteroffiziers, drei Gefreiter und 20 Seesoldaten ab.

Der Angriff wurde jedoch dilettantisch durchgeführt. In der Lagebeurteilung wurden Gegner und das unwegsame, steile Gelände falsch eingeschätzt. Als eine zahlenmäßig überlegene Gruppe von Piraten am Strand im Rücken des Lan-

Ausschiffung des Landungskontingents der Dampfkorvette DANZIG bei Tres Forcas 1857

dungskommandos erschien, um ihm den Rückweg durch Wegnahme der nur von einer schwachen Bootswache verteidigten Boote abzuschneiden, musste das Unternehmen abgebrochen werden. Leutnant zur See Niesemann und fünf weitere Matrosen bezahlten diesen Einsatz mit ihrem Leben, achtzehn weitere Soldaten wurden verwundet.

Die Marineinfanterie im Deutsch-Dänischen Krieg 1864

Als 1863 Dänemarks neuer König, Christian IX. das nicht zu seinem Staatsgebiet gehörende Herzogtum Schleswig seinem Königreich einverleiben wollte, löste er damit den Krieg gegen Preußen und Österreich aus. Am 8. Dezember 1863 machten Preußen und Österreich gegen Dänemark mobil. Eine kleine preußische Flotte, ein kleines Geschwader und eine Küstenschutzflottille, lief im März 1864 aus. Sie hatte den Auftrag, die Flanken der Armee zu decken, eine dänische Blockade zu erschweren und die Küste zu schützen. Zu dieser Zeit befanden sich die Gedeckte Korvette GAZELLE in Ostasien, die Kanonenboote BLITZ, BASILISK und das Radaviso PREUSSISCHER ADLER im Mittelmeer. So standen den elf dänischen Hochseedampfern nur die Gedeckten Korvetten ARCONA und NYMPHE gegenüber, denn der Radaviso LORELEY, der Aviso GRILLE, die 19 Fahrzeuge umfassende Kanonenbootflotille, die Schulschiffe und Ruderkanonenboote konnten nicht als ernst zu nehmende Kriegsschiffe betrachtet werden. Die dänische Flotte hatte den Auftrag, die deutsche Ostseeküste zu sperren und den

Gefecht bei Jasmund am 17. März 1864

dänischen Schiffen ein ungehindertes Befahren der Ostsee zu ermöglichen und somit ihren ungestörten Seehandel zu gewährleisten. Das Preußische Seebataillon und die Seeartillerie wurden befehlsgemäß am 12. Dezember 1863 mobilgemacht und besetzten ihre zugewiesenen Garnisonen Danzig und Stralsund. Sie stellten die folgenden Detachements:

- Das Geschwader Swinemünde, bestehend aus der Gedeckten Korvette ARCONA, besetzt mit einem Secondlieutenant, einem Sergeanten, zwei Unteroffizieren, zwei Spielleuten, 33 Gemeinen;
- der Gedeckten Korvette NYMPHE, besetzt mit einem Sergeanten, 12 Unteroffizieren, einem Spielmann und 14 Gemeinen und der Gedeckten Korvette VINETA, besetzt mit einem Secondlieutenant, fünf Unteroffizieren, zwei Spielleuten, 34 Gemeinen.
- Das Geschwader Danzig bestand aus der Glattdeckkorvette AUGUSTA, besetzt mit zwei Unteroffizieren, einem Spielmann und 14 Gemeinen sowie der Glattdeckkorvette VICTORIA, besetzt mit zwei Unteroffizieren, einem Spielmann und 14 Gemeinen.
- Das Geschwader Stralsund mit folgenden Schiffen: die Segelfregatte NIOBE, besetzt mit drei Unteroffizieren, zwei Spielleuten und 20 Gemeinen sowie einigen Schaluppen, die mit zwei Premierlieutenants, 12 Sergeanten, 28 Unteroffizieren, sechs Spielleuten und 400 Gemeinen besetzt wurden.

Im Ausland hielten sich zu dieser Zeit zwei Schiffe auf; im Mittelmeer der Radaviso PREUSSISCHER ADLER, auf dem sich zwei Unteroffiziere und 12 Gemeine befanden und die in Ostasien stationierte Gedeckte Korvette GAZELLE, bemannt mit einem Premierlieutenant, 32 Unteroffizieren, zwei Spielleuten und 33 Gemeinen.

Mitte März 1864 hatte Dänemark die Blockade der preußischen Ostseehäfen verkündet. Wenig später wurde die Blockade auch auf die Elbmündung ausgedehnt. Die Dänen begannen in der Ostsee, Swinemünde und die östliche und westliche Einfahrt von Stralsund zu überwachen. Am 10. April 1864 blockierten sie die Küste von Danzig bis Pillau. Dagegen waren die Preußen machtlos und mussten die Blockade hinnehmen. Dennoch lief Kapitän zur See Jachmann mit den zwei Korvetten ARCONA und NYMPHE und der Aviso LORELEY zu einem Erkundungsvorstoß aus, der von Swinemünde bis in die Höhe von Rügen führte. Am 17. März 1864 kam es dabei bei Jasmund/Insel Rügen zu einem mehrstündigen Gefecht mit stark überlegenen dänischen Seestreitkräften, die sich aus einem Linienschiff, zwei Fregatten und zwei Korvetten zusammensetzten. Die Dänen wurden von Admiral von Dokum geführt. Die Seesoldaten an Bord der ARCONA, NYMPHE und LORELEY hatten an dem Gefecht mit großer Tapferkeit und Standfestigkeit teilgenommen. Das deutsche Geschwader drehte nach zweistündigem Feuerwechsel ab und lief in den Abendstunden wieder in seinen Heimathafen ein. Kapitän zur See Eduard von Jachmann wurde aufgrund seines taktischen Geschicks und seines Erfolges gegen das zahlenmäßig überlegene dänische Geschwader anschließend zum Kontreadmiral befördert. Der Abwehrkampf, das Seegefecht bei Jasmund an der Nordküste Rügens am 17. März 1864 kostete fünf preußischen Soldaten das Leben. Das erfolgreiche Gefecht verhinderte, dass die Dänen in die pommerschen Küstengewässer eindringen konnten.

Vizeadmiral Eduard von Jachmann (1822 – 1887)

Zu einem weiteren Einsatz kamen die Seesoldaten am 9. Mai 1864, als die aus dem Mittelmeer zurückbefohlenen Schiffe, Aviso ADLER, Kanonenboote BLITZ und BASILISK, an dem Gefecht zwischen den österreichischen Fregatten SCHWARZENBERG und RADETZKY unter dem Kommando von Admiral Tegetthoff gegen die dänischen Fregatten NIELS, JUEL, JILLAND und der Korvette HEMDAL bei Helgoland teilnahmen. In einem Passiergefecht gelang es den Dänen, das Flaggschiff Tegetthoffs, die SCHWARZENBERG, in Brand zu schießen. Die Österreicher zogen sich darauf in die neutralen Gewässer um Helgoland (Helgoland gehörte damals zu Großbritannien) zurück. Wenige Tage später trat ein Waffenstillstand in Kraft. Die preußischen Schiffe in der Nordsee konnten aber noch einen beachtenswerten Erfolg erzielen. Es gelang ihnen, die an der friesischen Küste befindlichen dänischen Blockadestreitkräfte einzuschließen und

Gefecht vor Helgoland, vorne die SCHWARZENBERG

zur Übergabe zu zwingen. Nach Beendigung des Krieges wurde gemäß Befehl vom 12. Juli 1864 das Seebataillon ab dem 29. August 1864 demobilisiert und nach Kiel verlegt.

Die Marineinfanterie im Krieg 1866

Der Verlauf des Deutsch-Dänischen Krieges von 1864 hatte gezeigt, dass sich die Kampfhandlungen an Land erheblich weniger verlustreich und rascher vollzogen hätten, wenn die Armee von einer leistungsfähigen Flotte unterstützt worden wäre. In seiner Begründung vor dem Preußischen Abgeordnetenhaus führte der Kriegs- und Marineminister General von Roon aus, dass der Ausbau der Marine angesichts der wachsenden Handelsbeziehungen Preußens mit Übersee eine Lebensnotwendigkeit sei. Für den Schutz dieser Handelsbeziehungen benötige die Marine vor allem Korvetten und moderne Panzerschiffe, die notfalls den Kampf mit anderen Flotten aufnehmen könnten. Roons Forderungen wurden aber erst nach Schaffung der Marine des Norddeutschen Bundes im Jahre 1867 gebilligt und kamen wegen des Deutsch-Französischen Krieges erst im Jahre 1873 zur Ausführung. Dennoch erhielt die Flotte bis zum Ausbruch des deutsch-österreichischen Krieges von 1866 eine Reihe neuer Schiffe. In England war für Preußen das Panzerschiff ARMINIUS gebaut worden, das erste deutsche Panzerschiff und das erste Kriegsschiff ohne Besegelung. Von Frankreich wurden die Glattdeckskorvetten AUGUSTA und VICTORIA gekauft. Auch der organisatorische Aufbau der Marine ging voran. Nachdem Dänemark im Frieden von Wien Schleswig, Holstein und Lauenburg an den Deutschen Bund abgetreten hatte, war Kiel an Preußen gefallen. Dorthin wurden jetzt die bisherigen Marinedienststellen aus Danzig verlegt. Kiel wurde Sitz des Marinestationskommandos der Ostsee und Hauptkriegshafen der Marine.

Nach dem Krieg gegen die Dänen standen Truppen des österreichischen 6. Armeekorps unter Feldmarschall Freiherr von Gablenz noch tief in Jütland und Schleswig-Holstein. Gemäß Friedensvertrag sollten die Herzogtümer Schleswig, Holstein und Lauenburg von Preußen und Österreich gemeinsam regiert werden. Zunächst wurde eine Militärregierung eingesetzt, Spannungen zwischen dem dänischen und dem deutschen Bevölkerungsanteil waren vorprogrammiert. Aber es gab auch Spannungen zwischen den dort stationierten Bundestruppen und den Einheiten der Verbündeten. Preußen und Österreich veranlassten, dass Sachsen und Hannoveraner Holstein verlassen mussten. Zunehmend verschärfte sich auch der Kampf um die Vorherrschaft in Deutschland zwischen Preußen und Österreich. Zwar konnte der am 14. August 1865 in Gastein geschlossene Vertrag zwischen Preußen und Österreich noch einmal Meinungsverschiedenheiten überbrücken, aber eine gemeinsame Linie gab es nicht mehr. Holstein kam unter österreichische, Schleswig unter preußische Verwaltung. Lauenburg wurde gegen eine Geldzahlung mit Preußen verbunden. Der Traum der Schleswig-Holsteiner von einem vereinten und selbständigen Bundeslandes war ausgeträumt.

Während Preußen Christian IX. als zukünftigen Landesherrn sah, unterstützte Österreich die Ansprüche des Augustenburger Hauses. Als Österreich am 1. Juni 1866 diese Frage vom Deutschen Bund klären lassen wollte, befahl die preußische Regierung General von Manteuffel den Einmarsch in Holstein, weil sie den Antrag als Vertragsbruch ansah. Damals dichtete Heinrich Heine, der überzeugte deutsche Patriot:

Sie liebten sich beide, doch keiner
wollt`es dem andern gestehn:
Sie sahen sich an so feindlich,
und wollten vor Liebe vergehn.
Sie trennten sich endlich und sahen sich
nur noch zuweilen im Traum;
Sie waren längst gestorben,
und wussten es selber kaum.

Das preußische Seebataillon in Kiel-Düsterbrook und die Seeartillerie wurden im April 1866 mobil gemacht. Das Seebataillon besetzte vorsichtshalber Kiel, Laboe und Friedrichsort, da die Haltung Dänemarks in einer Auseinandersetzung zwischen Österreich und Preußen ungewiss war. Am 11. Juni 1866 brach der Krieg zwischen Österreich mit seinen Verbündeten in Deutschland und Preußen aus. Wieder wurden Seesoldaten auf Kriegsschiffen eingeschifft. Zu Kampfhandlungen mit den Österreichern kam es jedoch nicht, da sich diese aus Kiel zurück-

Darstellung der Marine des Norddeutschen Bundes, zwei Matrosen und rechts ein Seesoldat um 1869

zogen und in letzter Minute von Altona aus das gegenüberliegende Harburg und somit das nun mit ihnen verbündete Hannover erreichten.

Nur die eingeschifften Seesoldaten an Bord des Panzerfahrzeugs ARMINIUS, einem Spezialschiff, waren an den Kämpfen gegen Österreicher und Hannoveraner beteiligt. ARMINIUS und zwei kleine Kanonenboote unterstützten preußische Operationen gegen Hannover auf der Elbe, der Weser und der Ems. Landungsunternehmen anderer Einheiten der Flotte besetzten die von den Hannoveranern verlassenen Forts bei Geestemünde. Dort wurde wenig später das erste Marinedepot an der Nordsee errichtet.

Am 23. August 1866 wurde in Prag der Frieden zwischen Preußen und Österreich geschlossen. Österreich musste auf alle Rechte in Schleswig-Holstein verzichten und schied aus dem deutschen Staatsverband aus. Mit der Heimkehr der preußischen Truppen Ende August 1866 wurde auch die Marine-Infanterie demobilisiert. Es verblieben aber folgende Personalstärken bei den Marineeinheiten:
Im Geschwader :

- Korvette ARCONA: ein Secondlieutenant, ein Sergeant, zwei Unteroffiziere, zwei Spielleute und 34 Gemeine,
- Korvette HERTHA: ein Secondlieutenant, ein Sergeant, zwei Unteroffiziere, zwei Spielleute und 34 Gemeine,
- Korvette VICTORIA: ein Sergeant, ein Unteroffizier, ein Spielmann und 14 Gemeine,
- Korvette GAZELLE: ein Secondlieutenant, drei Unteroffiziere, zwei Spielleute, und 34 Gemeine,
- Korvette AUGUSTA: ein Sergeant, ein Unteroffizier, ein Spielmann und 14 Gemeine,
- Korvette VINETA: ein Secondlieutenant, ein Sergeant, zwei Unteroffiziere, zwei Spielleute, und 34 Gemeine.

In der Flottille auf der Korvette NYMPHE: drei Unteroffiziere, zwei Spielleute und 19 Gemeine und bei der Marinestation der Ostsee auf der Korvette GEFION: ein Secondlieutenant, ein Sergeant, vier Unteroffiziere, zwei Spielleute und 60 Gemeine; auf der Korvette NIOBE: drei Unteroffiziere, zwei Spielleute und 19 Gemeine.

Nach 1866 wurde Preußen zur Vormacht in dem neu gegründeten Norddeutschen Bund. Die Preußische Marine war der Grundstock der neuen Norddeutschen Bundesflotte, aus der nach 1871 die Kaiserliche Marine hervorging. Aufgabenbereich und Organisation der Norddeutschen Bundesflotte regelte der Artikel 53 der Verfassung des Norddeutschen Bundes. Dort hieß es:

„Die Bundeskriegsmarine ist eine einheitliche unter preußischem Oberbefehl. Die Organisation und Zusammensetzung derselben liegt S. M. dem König von Preußen ob, welcher die Offiziere und Beamten der Marine ernennt und für welchen dieselben nebst den Mannschaften eidlich in Pflicht zu nehmen sind. Der Kieler Hafen und der Jadehafen sind Bundeskriegshäfen. Der zur Gründung und Erhaltung der Kriegsflotte und der damit zusammenhängenden Anstalten erforderliche Aufwand wird aus der Bundeskasse bestritten." In einem anderen Artikel wurde festgelegt: „Die Flagge der Kriegs- und Handelsmarine ist schwarz-weiß-rot." Am 1. Oktober 1967 hatten alle Kriegsschiffe und Landformationen des Norddeutschen Bundes die neue Flagge gehisst.

Die Marineinfanterie im Deutsch-Französischen Krieg 1870/71

Im Juli 1870 führte in Frankreich die Nachricht, dass sich Leopold von Hohenzollern-Siegmaringen offiziell um die spanische Thronfolge bewarb, zu einem Aufschrei der französischen Nationalisten. Leopold dürfe niemals den „Thron Karls V." besteigen, hieß es in Paris. Die Regierung in Paris war außer sich vor Wut, ordnete die Mobilmachung an und erklärte am 19. Juli Preußen den Krieg.

Die französische Kriegserklärung löste in Preußen und dem restlichen Deutschland eine Woge des Patriotismus aus. Bereits Tage zuvor, am 15. Juli 1870, waren das Preußische Seebataillon, die Seeartillerie und das Reserve-Seebataillon mobilgemacht worden. Die Verbände übernahmen sofort Wach- und Sicherungsaufgaben in Kiel und Umgebung und stellten folgende Detachements:
Beim Nordseegeschwader:

Auf der Panzerfregatte KÖNIG WILHELM: ein Hauptmann, ein Secondlieutenant, acht Unteroffiziere, zwei Spielleute und 102 Gemeine; auf der Panzerfregatte KRONPRINZ: ein Premierlieutenant, fünf Unteroffiziere, zwei Spielleute und 73 Gemeine; auf der Panzerfregatte FRIEDRICH KARL: ein Premierlieutenant, fünf Unteroffiziere, zwei Spielleute und 73 Gemeine und auf der Gedeckten Korvette PRINZ ADALBERT: zwei Gemeine.

Beim Ostseegeschwader wurden folgende Seesoldaten eingeschifft: auf der Gedeckten Korvette ELISABETH: ein Secondlieutenant, vier Unteroffiziere, zwei Spielleute und Gemeine und auf der Glattdeckkorvette NYMPHE nur zwei Gemeine.

Im Ausland befanden sich zu dieser Zeit die folgenden Abstellungen an Bord: auf der in Ostasien stehenden Glattdeckkorvette HERTHA: ein Secondlieutenant, vier Unteroffiziere, zwei Spielleute und 39 Gemeine und auf der in Westindien stehenden Glattdeckkorvette ARCONA: ein Secondlieutenant, vier Unteroffiziere, zwei Spielleute und 39 Gemeine.

Bei Ausbruch des Krieges war die französische Flotte der deutschen weit überlegen. Die französische Marine stellte sofort zwei Geschwader auf, von denen ein Geschwader die Jade- und Elbe-Mündung blockieren sollte. Ein stärkeres Geschwader sollte den deutschen Schiffsverkehr in der Ostsee unterbinden. Vor der deutschen Küste kreuzten französische Kriegsschiffe. Doch führten sie keine Anlandungen aus. Als am 29. Juli 1870 das französische Ostseegeschwader in der Nordsee erschien, versenkte es mehrere deutsche Handelsschiffe. Am 9. August folgte das französische Nordseegeschwader und blockierte sofort die Jademündung. Vor Neufahrwasser kam es am 23. August 1870 zu einem Feuergefecht zwischen NYMPHE und französischen Panzerschiffen und am 17. August 1870 vor Rügen zwischen GRILLE, drei Kanonenbooten und vier französischen Panzerschiffen. Die Gefechte blieben aber ohne jede Bedeutung. Daher wurden die

Glattdeck-Korvette HERTHA

Seesoldaten zweckentfremdet anderweitig eingesetzt. Sie unterstützten beispielsweise als Handwerker den Bau der Küstenwerke an Nord- und Ostsee. Nach dem Waffenstillstand am 28. Januar 1871 zwischen Preußen und Frankreich wurde das Seebataillon wieder demobilisiert und das Reserve-Seebataillon am 28. März 1871 aufgelöst.

Einsatz in Kamerun 1894

Am 14. Juli 1884 war Kamerun zur deutschen Kolonie geworden. Aufständische Eingeborene der Stämme Hickory und Joß , die sich gegen diese Landnahme wehrten, wurden am 21. Dezember 1884 von Landungstruppen SMS BISMARCK und SMS OLGA, die unter dem Kommando von Admiral Knorr standen, besiegt. Zehn Jahre herrschte Ruhe in der Kolonie, dann kam es zu erneuten Unruhen. Im Jahre 1893 bestand die Polizeitruppe in Kamerun aus zwei Europäern und 140 farbigen Soldaten, die aus Nachbarländern freigekaufte Sklaven waren. Diese hatten den Kaufpreis zunächst abzudienen, bevor sie den Sold von 30 Reichsmark erhielten. Die aus Dahomey freigekauften Soldaten begannen eine Meuterei, die aber nach zwei Tagen vom Landungskorps der rechtzeitig eintreffenden SMS HYÄNE beendet wurde.

Als die Meldung über die Meuterei der farbigen Polizeitruppe in Duala/Kamerun in Berlin eintraf, wurde am 9. Januar 1894 eine Kompanie aus dem Personal des I. und II. Seebataillons aufgestellt und nach Kamerun in Marsch gesetzt. Kompanieführer war Hauptmann von Kamptz vom II. Seebataillon. Bei Eintreffen der Kompanie am 28. Januar 1894 war dort aber wieder Ruhe eingekehrt und die Kompanie fuhr unverrichteter Dinge am 20. März 1894 nach Deutschland zurück.

Einsatz im Boxeraufstand in China 1900/01

Am Kampf gegen den im Jahre 1900 ausgebrochenen „Boxer-Aufstand", einer chinesischen Verschwörertruppe, die für ein freies China gegen die fremden Nationen in China kämpfte, nahmen auch 75 Mann des III. Seebataillons als deutsches Kontingent der internationalen Landungstruppen teil. Zwei Kompanien kämpften bei Peking und Tientsin. Die Ermordung des deutschen Gesandten Klemens Freiherr von Ketteler am 16. Juni 1900 hatte zur Folge, dass die 1. Division des I. Geschwaders und ein Heeres-Expeditionskorps mit 19 544 Mann nach China verschifft wurden.

Aufgrund des äußerst starken Widerstandes der Chinesen wurde am 3. Juli 1900 zusätzlich ein Ostasiatisches Marine Detachement in Bremerhaven eingeschifft. Dieses bestand aus tropentauglichen Soldaten des I. und II. Seebataillons, einer Marine-Feldbatterie, einem Pionierzug einem Sanitätsdetachement.

Dieser Tag sollte besonders durch die Rede des deutschen Kaisers Wilhelm II. in die Geschichte eingehen, mit der er das Detachement verabschiedet hatte. Er forderte seine Soldaten auf, sich in China wie die Hunnen zu benehmen, kein Pardon zu geben und keine Gefangenen zu machen. Zwar waren seine martialischen Worte wieder einmal nicht so gemeint, denn der Kaiser legte mit Vorliebe ein Imponiergehabe an den Tag, aber seine Rede wurde als „Hunnenrede" bekannt und von seinen späteren Kriegsgegnern als Propaganda gegen Deutschland verwendet. Mit den Schiffen FRANKFURT und WITTEKIND des Norddeutschen Lloyd erreichte das Ostasiatische Marine Detachment am 13. August 1900 die Reede von Taku.

Der Kommandeur des Marine-Detachements, Generalmajor Hoepfner, wurde zum Kommandeur der aus allen Truppen geschaffenen 3. Ostasiatischen Infanterie Brigade ernannt. Die nun in China anwesenden Seebataillone wurden zu einem Marineinfanterie Regiment zusammengefasst.

Nach dem Friedensvertrag am 7. September 1901 wurden dann einige Offiziere zum III. Seebataillon versetzt und blieben weiterhin in China, der Rest und die Mannschaften des I. und II. Seebataillons kehrten in die Heimat zurück. Bei den Kämpfen in China hatte das I. Seebataillon zwei Gefallene und 21 an Typhus und Ruhr Verstorbene zu beklagen. Das II. Seebataillon verlor fünf Soldaten durch Feindeinwirkung und 30 starben durch Krankheiten. Das III. Seebataillon zahlte einen hohen Blutzoll, es fielen 21 Seesoldaten.

Belagerung von Tientsin im Sommer 1900

Da sich die Übergriffe der Boxer in der Provinz Petschill häuften, wurde der Ruf nach dem Schutz der Personen und Gebäude in Tientsin lauter. Am 4. Juni 1900 ging deshalb das Landungskorps von SMS ILTIS an Land, das aber am 10. Juni 1900 durch das Landungskorps von SMS IRENE und von SMS KAISERIN AUGUSTE abgelöst wurde. Am 11. Juni traf dort eine 25 Mann starke Abordnung des III. Seebataillons unter Leutnant Wenzel zur weiteren Verstärkung ein.

Insgesamt 890 bewaffnete Verbündete wehrten die am 15. Juni 1900 beginnenden Angriffe der Chinesen ab. Das deutsche Detachement des Seebataillons erntete internationale Anerkennung durch seine besondere Tapferkeit und war maßgeb-

The Germans to the front

lich an der Erstürmung der Kriegsschule Tientsin beteiligt. Die endgültige Befreiung der eingeschlossenen Europäer gelang, nachdem die Takuforts am 17. Juni 1900 erobert worden waren und ein durch zwei Kompanien des deutschen Seebataillons verstärktes internationales Landungskorps in Tientsin eintraf. Dieses vom britischen Admiral Seymour kommandierte Korps aus Amerikanern, Deutschen, Engländern, Österreichern, Japanern und Russen hatte nach Zuführung weiterer Verstärkungen eine Stärke von 11 800 Soldaten. In den einzelnen Gefechten hatte sich das deutsche Detachement besonders ausgezeichnet. Aus dieser Zeit stammt der bekannte Ausruf von Admiral Seymour: „The Germans to the front".

Wie erwähnt gelang die Befreiung der eingeschlossenen Europäer erst, als die Takuforts niedergekämpft waren. Auch hier war der Erfolg nur durch die enge internationale Zusammenarbeit möglich. An der Befreiung waren folgende internationale Schiffe beteiligt: SMS ILTIS (Deutschland), ALGERINE (Großbritannien), LION, BOBR und KOREETZ (Frankreich), GILLAK (Russland) und ATAGO (Japan).

Belagerung der Gesandtschaften in Peking im Sommer 1900

Auch im Raum Peking häuften sich die Übergriffe der Boxer (chinesisch Yihetuan). Aufgrund der Anforderung des deutschen Gesandten wurde eine Abordnung von fünf Unteroffizieren und 45 Mannschaften des III. Seebataillons unter Führung von Oberleutnant Graf von Soden in Marsch gesetzt, die am 3. Juni 1900 dort eintraf. Am 12. Juni 1900 war Peking eingeschlossen. Eine 425 Mann starke internationale Truppe, verstärkt durch 75 Freiwillige, auch Chinesen waren darunter und 600 Personen Gesandtschaftspersonal, kämpften verzweifelt hinter schnell aufgerichteten Barrikaden auch gegen reguläre chinesische Truppen. Da den Chinesen trotz der zahlreichen Angriffe keine bedeutenden Einbrüche in das Gesandtschaftsviertel gelang, wurde vom 17. Juli 1900 bis zum 8. August 1900 eine Waffenruhe vereinbart. Danach begannen wieder heftige Angriffe, aber wieder gelang es den Chinesen nicht, das Europäerviertel zu erobern. Am 14. August 1900 wurden die Eingeschlossenen durch das bekannte multinationale Entsatzheer aus ihrer misslichen Lage befreit. Hierbei hatte sich besonders SMS ILTIS unter seinem Kommandanten Korvettenkapitän Lans ausgezeichnet.

Einsatz im Hereroaufstand 1904/05

Die deutschen Handelsgesellschaften und Siedler führten in ihrer Kolonie Deutsch-Südwest eine aggressive Landnahme und Missionierung durch. Die stetig wachsende Zahl der in das Hereroland hereinströmenden weißen Siedler und die daraus entstandene Einengung des Lebensraumes für das Hirtenvolk, der Verlust der Weidegründe und Wasserstellen, fehlender Rechtschutz und Gerichtsurteile, die zur Begleichung von Schulden die Wegnahme von Viehherden beinhalteten, führten zu einem explosiven Gemisch in der Stimmung der Hereros.

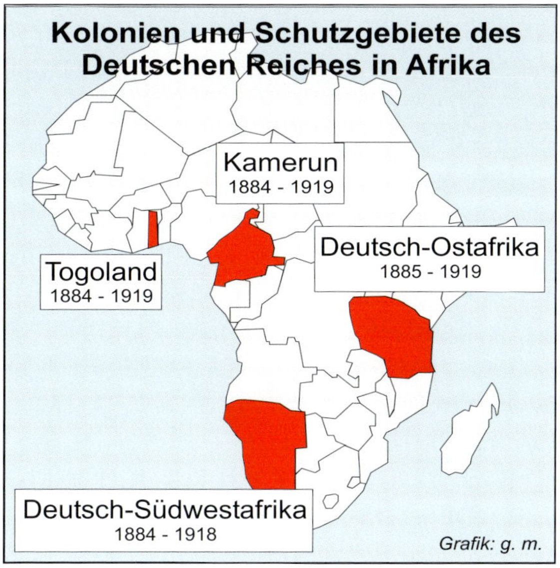

Die einheimische Bevölkerung begann, für das Gouvernement und die deutschen Siedler völlig überraschend, am 12. Januar 1904 mit zahlreichen Angriffen auf die Deutschen und ermordete 123 Deutsche. Am selben Tag ging im Admiralstab in Berlin ein Telegramm des Kommandanten des Kreuzers HABICHT, Korvettenkapitän Gudewill, ein, der sich mit seinem Schiff zur Werftüberholung in Kapstadt befand. Das Telegramm lautete:

DER KOMMANDANT SMS HABICHT HAT TELEGRAPHISCHE NACHRICHT AUS SWAKOPMUND, DASS OKAHANDYA BELAGERT WIRD, EISENBAHN, TELEGRAPH UNTERBROCHEN. ER BITTET GEMÄSS MILITÄRISCHEM AUFTRAG SCHLEUNIGST KRIEGSSCHIFF HABICHT: BITTE UM BEFEHL: GEZ. GUDEWILL

Der Stamm der Hereros hatte sich in fünf Kampfgruppen organisiert. Die Hauptgruppe im Bezirk Okahandja unter Samuel Maharero, die Westgruppe im ostwärtigen Bezirk Omaruru unter Michael Tjijesata, die Südgruppe im Bezirk Karibib und westlichen Bezirk Windhuk unter Zacharias Zeraua, die Nordgruppe im Bezirk Waterberg und nördlichem Bezirk Gobabis unter Salatiel und David, die Ostgruppe im mittleren Bezirk Gobabis und ostwärtigen Bezirk Windhuk unter Tjetjo, Riara und Tra. Die Hereros nutzten den Umstand, dass die 1., 2. und 3. Feldkompanie der Kaiserlichen Schutztruppe, knapp 800 Mann, zur Niederschlagung eines Aufstandes der Bondelz-Hottentotten im Süden des Landes eingesetzt waren, bzw. sich auf dem Marsch dorthin befanden. Dort befand sich auch der Gouverneur und Befehlhaber der Schutztruppe, Oberst Leutwein, Außer 60 eilig einberufenen Reservisten stand dort nur noch die aktive 4. Kompanie zur Verfügung.

Der Kommandant SMS HABICHT erhielt am 14. Januar 1904 vom stellvertretenden Befehlshaber, Hauptmann a.D. Hugo von Francois, den Befehl, sofort nach Swakopmund zurückzukehren und ein Landungskorps in Stärke von drei

Offizieren und 50 Matrosen bereitzuhalten. Sein Führer wurde der Erste Offizier der HABICHT, Kapitänleutnant Gygas. Hauptmann von Francois hatte gleichzeitig einen telegrafischen Hilferuf an das Marineamt geschickt und um Unterstützung mit Truppen gebeten. Am 17. Januar 1904 erhielten die Marinestationskommandos Kiel und Wilhelmshaven folgendes Telegramm:

AUF BEFEHL SEINER MAJESTÄT SOLLEN VON JEDER STATION ZWEIHUNDERTFÜNFZIG MANN MARINEINFANTERIE UND ZUGEHOERIGE OFFIZIERE SOWIE DETACHEMENTS ZWEIER MATROSENDIVISIONEN MIT VIER MASCHINENKANONEN ZUR VERWENDUNG IN SUEDWESTAFRIKA MOBIL MACHEN.- NORDDEUTSCHER LLOYD STELLT DAMPFER MITTWOCH IN WILHELMSHAVEN.- ABFAHRT DONNERSTAG 21. GEPLANT.- AUF DAMPFER EINGESCHIFFT AUCH DETACHEMENT EISENBAHNTRUPPEN DER ARMEE.- STÄRKE WIRD NOCH MITGETEILT.- WERFT, INDENDANTUR UND DEPOTINSPEKTION HABEN ANWEISUNG DIREKTEN REQUISITIONEN FOLGE ZU GEBEN.- MONTAG VORMITTAG 10 UHR SITZUNG IM REICHS MARINE AMT.- ERBITTE DAZU VERTRETER.- INSPEKTEUR DER MARINEINFANTERIE IST DIREKT BESTELLT.-
MARINEAMT

Sofort nach Eingang der Fernschreiben wurden das I. und II. Bataillon alarmiert und die entsprechenden Vorkehrungen in fieberhafter Eile getroffen, so z.B. die Untersuchung der Soldaten auf Tropentauglichkeit. Am 21.Januar 1904 wurde ein Expeditionskorps unter Major von Glasenapp in Stärke von 22 Offizieren und 534 Mann aus der Heimat unter großer Anteilnahme der Zivilbevölkerung mit dem Dampfer DARMSTADT in Marsch gesetzt. Während der Überfahrt gingen die Vorbereitungen für den Einsatz weiter. Die Soldaten wurden mit entsprechender tropentauglicher Bekleidung ausgestattet. Unterweisungen und Belehrungen schlossen sich an. Erschwerend kam für das Expeditionskorps hinzu, dass noch viele Rekruten dazu gehörten. Diese bekamen erst jetzt ihre Schießausbildung, denn an Land war noch gar keine Gelegenheit dazu gewesen. So traf das Landungskorps am 9. Februar 1904 in Swakopmund ein und wurde am 10. Februar 1904 mit Hilfe von Brandungsbooten ausgeschifft. Das nun gebildete Marine Expeditionskorps setzte sich wie folgt zusammen:

Stab: Führer Oberst Dürr, der jedoch erst später in Südwest eintraf. Stärke des Stabes: sechs Offiziere und 30 Mann. Marineinfanterie Bataillon: Führer Major von Glasenapp, 1.Kompanie: Chef: Hauptmann Fischel, 2. Kompanie: Chef Hauptmann Schering, 3. Kompanie: Chef Hauptmann Häring und 4. Kompanie: Chef Hauptmann Lieber. Die Stärke jeder Kompanie betrug vier Offiziere und 126 Mannschaften.

Oberbootsmannsmaat im Landungsanzug, dazu gehörten: Tropenhelm M 85 mit Nackenschleier, Gewehr M 1871/84, zwei Patronentaschen mit je 20 Patronen, ein Brotbeutel und eine Feldflasche

Die Planung sah zunächst vor, dass die Marineteile die Bahnlinie Swakopmund-Windhuk und die angrenzenden Städte sichern sollten, der Buschkrieg sollte der berittenen Schutztruppe überlassen werden. Schutztruppler und das Landungskorps von SMS HABICHT hatten jedoch mittlerweile durch beherztes Eingreifen die Aufständischen aus dieser Region vertrieben. Dies hatte aber zur Folge, dass Glasenapp mit seiner Truppe weitab von dort in das menschenleere, unwirtliche und fremdartige Gebiet vorstoßen musste, mit Seesoldaten, die nicht beritten und für den Buschkrieg nicht ausgebildet waren.

Am 10. Februar 1904 wurden die Seesoldaten in drei Staffeln per Eisenbahn nach Karibib gebracht. Die veränderte Lageentwicklung führte bei Oberst Leutwein zu dem Entschluss, die Schutztruppe in drei Abteilungen aufzuteilen. Oberst Dürr befahl deshalb weisungsgemäß, das Marineinfanterie Bataillon in drei Abteilungen (Hauptabteilung, Westabteilung und Ostabteilung) einzusetzen.

Einsatz der Hauptabteilung

Die Hauptabteilung bekam zunächst den Auftrag, die Hauptstadt zu sichern und die unterbrochenen Bahnverbindungen wieder herzustellen. Anschließend sollte sie die Hauptmacht der Hereros zerschlagen. Dafür wurde sie mit folgenden Kräften ausgestattet, die der Gouverneur selbst führte: der neu gebildeten 5., 6. und 7. Feldkompanie und der 2. Marineinfanterie Kompanie.

Die von Glasenapp geplante Bekämpfung der Herero unter Führung des Zacharias Zerauna, die eine ständige Gefahr für die Siedler darstellten und außerdem in den Rücken der eigenen Truppe einzubrechen drohten, wurde von Leutwein abgelehnt. Er befahl Kapitänleutnant Gygas vom Landungskorps SMS HABICHT, unterstützt von der Eisenbahntruppe, nach Otjimbingwe zu marschieren und das Gelände zu bereinigen. Die nur zum Teil berittene 116 Mann starke Truppe marschierte am 12. Februar 1904 los und erreichte am 16. Februar 1904 den Liewenberg, wo ein am Fluss Swakop verschanzter Feind seinen berittenen Aufklärungstrupp unter Feuer nahm. Gygas und seine Leute bekämpften erfolgreich den Feind, der sich zurückziehen musste. Gygas setzte seinen Marsch Richtung Okahandja fort und erreichte am 18. Februar 1904 die Missionsstation Klein-Barmen. Kurz hinter Klein-Barmen wurde die Truppe von den am Liewenberg niedergekämpften Herero erneut angegriffen, aber zum Teil im Nahkampf niedergerungen. Ohne weitere Vorkommnisse erreichte die Truppe mit Kapitänleutnant Gygas Okahandja. Das Landungskorps wurde hier von seinem Auftrag entbunden und zurück an Bord befohlen. Die Austauschmannschaft wurde dem Marine Expeditionskorps unterstellt und verblieb später zum Teil bei der kämpfenden Truppe.

Marineinfanterie bei einer Landungsübung

Das Gefecht Gygas beim Liewenberge hatte zu einer Vereinigung der Otjimbingwe-Herero und der Barmer Herero geführt. Sie bildeten im Gebiet der Khomasberge, das zwischen Klein-Barmen und Groß-Barmen liegt, eine gefährliche Bedrohung für Okahandja, Windhuk und die dortige Bahnlinie.

Von der Hauptabteilung wurde Hauptmann Puder mit der Vertreibung des Gegners beauftragt. Ihm standen dafür zur Verfügung: die 5. Feldkompanie, Leutnant Rosenberg, die 2. Marinekompanie, Hauptmann Schering, ein Reitertrupp unter Führung von Oberleutnant Ritter, 15 Matrosen der Mannschaft SMS

HABICHT und eine aus der Heimat eingetroffene Marineartillerieabteilung, insgesamt 230 Soldaten.

Am 2. März 1904 marschierte Hauptmann Puder mit seinen Männern los und erreichte am nächsten Morgen Groß-Barmen. Der aufklärende Reitertrupp wurde überraschend angegriffen, fünf Soldaten fielen. Vier Stunden tobte das Gefecht und wurde erst durch den Einsatz der Marineartillerie und den Angriff der 5. Feldkompanie im linken Flügel des Feindes entschieden. Der Feind zog sich daraufhin ins Tal des Aussib-Riviers zurück. Am 5. März 1904 traten die Soldaten den Rückmarsch in die Ausgangsstellung an.

Eine erhebliche Bedrohung stellte die Vereinigung der Herero Stämme in der Zeit zwischen 28. und 29. März 1904 ostwärts Okahanja unter Führung von Zacharias Zeraua dar. Oberst Leutwein reagierte sofort. Mittlerweile war die

Matrosen im „Kleinen Landeanzug"

Hauptabteilung durch die 2. Marinekompanie verstärkt worden. Die Abteilung brach am 7. April 1904 von Okahandja Richtung Otjosasu auf. Dort richteten sich der Tross und die 2. Marinekompanie zur Verteidigung ein, während die Feldkompanien am 9. April 1904 nach Ongandjiir vorstießen. Hier kam es zu schweren Gefechten mit Feindkräften, die Samuel Maharero mit großer Tapferkeit und taktischem Geschick führte. Trotz zahlenmäßiger Überlegenheit mussten die Herero weichen, und so kehrten die deutschen Soldaten am 12. April siegreich nach Otjosasu zurück. Schon einen Tag später, am 13. April 1905, erreichte die Abteilung die Wasserstelle bei Okatumba, die die Seesoldaten sofort sicherten. Während Wasser genommen wurde, erfolgte ein überraschender Angriff der Herero, der sich besonders auf die von den Seesoldaten gesicherte linke Flanke konzentrierte. Nach einem achteinhalbstündigen Kampf zogen sich die Herero zurück. Oberst Leutwein marschierte im Schutz der Dunkelheit mit seiner Truppe nach Otjasasu zurück, um sie mit Verpflegung und Munition zu versorgen. Nach einer ausgiebigen Rast und frisch versorgt, hieß das neue Einsatzziel Okahandja. Die 2. Marinekompanie verblieb als Sicherung am Standort.

Der Einsatz der Westabteilung

Die Westabteilung wurde unter das Kommando von Major von Estorff gestellt, einem ehemaligen Offizier des Schutztruppe, der mit dem in Marsch gesetzten Expeditionskorps zurück zur Truppe nach Deutsch-Südwest befohlen worden war. Die Westabteilung erhielt den Auftrag, das Gebiet ostwärts des Bezirks Omaruru zu sichern und zu säubern. Dafür standen ihr die 2. Feldkompanie unter dem Kommando von Hauptmann Franke, die 4. Feldkompanie, geführt von Hauptmann Kliefoth und die 3. Marineinfanterie Kompanie zur Verfügung. Am 20. Februar 1904 brach die Abteilung von Omaruru Richtung Norden auf, um die Wasserstellen des Trockenflusses Omuramba-Omatako zu erreichen. Der sich auf der Flucht befindliche Herero Omruru-Orlog richtete sich im bergigen Gelände der Wasserstelle Otjihanamaparero zur Verteidigung ein. Die mitgeführten Frauen und Kinder, besonders aber die Viehherden, machten ein weiteres Ausweichen unmöglich.

Die Soldaten der Westabteilung erreichten am 25. Februar 1904 Otjihinamaparero und wurden sofort in ein schweres Gefecht verwickelt, das sich zeitweilig aufgrund der zahlenmäßig weit überlegenen Herero zu deren Gunsten zu entscheiden drohte. Erst als es der 2. Feldkompanie gelang, die Wasserstelle zu nehmen, brach Omaruru-Orlog das Gefecht ab und zog sich in Richtung Waterberg zurück. Die Westabteilung klärte weiter nach Norden auf und marschierte schließlich nach Okahandja zurück. Noch einmal wurde die Westabteilung in schwere Kämpfe verwickelt, am 16. März 1904 kam es zum Gefecht am Omatakoberg.

Der Einsatz der Ostabteilung

Die Ostabteilung hatte den Auftrag, den Bezirk Gobabis zu sichern, zu säubern und die Ostgrenze des Schutzgebietes zu sperren. Das war sicherlich die schwerste Aufgabe. Das Gebiet war riesig, das Gelände unübersichtlich, sehr dünn besiedelt und bot kaum Versorgungsmöglichkeiten für die Truppe. Dies waren unschätzbare Vorteile für die Gegner. Erschwerend kam hinzu, dass die von Major von Glasenapp geführte Abteilung, bestehend aus der 1. und 4. Marineinfanterie Kompanie und einer berittenen Vorausabteilung unter Hauptmann von Winkler, nicht als geschlossener Verband marschierte. Diese war bereits am 7. Februar 1904 aufgebrochen, während die 1. Marinekompanie erst am 11. Februar 1904 folgte und die 4. Marinekompanie am 17. Februar 1904. Zu Kampfhandlungen kam es nicht, eine sinnvolle Aufklärung blieb unmöglich, weil es an allen Möglichkeiten dazu fehlte. Die völlig überforderten Seesoldaten marschierten ständig in neu befohlene Richtungen.

Zeitgenössische Darstellung: Aufständische Herero überfallen einen Erkundungstrupp der Schutztruppe

Auf den Gegner trafen sie erst am 13. März 1904. Ein verstärkter Erkundungstrupp stieß bei Owikokorero auf feindliche Herero. Dieser Erkundungstrupp wurde bis auf wenige Soldaten völlig aufgerieben. Von Glasenapp hatte wieder die Marschrichtung geändert und traf am 3. April 1904 völlig unvorbereitet bei der Wasserstelle bei Okaharui auf feindliche Kräfte. Der mit Todesverachtung kämpfende Feind forderte einen hohen Blutzoll von den Seesoldaten. Die Abteilung verlor 32 Mann. Eine neue, ganz andere Gefahr tauchte auf und traf die Truppe völlig unvorbereitet, es häuften sich die Typhusfälle, die sich schnell zu einer Epidemie ausweiteten.

Die erschöpfte Abteilung schleppte sich weiter zur Wasserstelle Otjihaenena und ging hier in Quarantäne. Vom Personalbestand des Seebataillons bei Ankunft in Südwest waren am Ende nur noch 35 Prozent der Offiziere und 65 Prozent der

Seesoldaten dienstfähig übrig geblieben. Der Zustand der Seesoldaten führte in Berlin dazu, dass alle Seesoldaten, auch die der Haupt- und Westabteilung, nicht mehr bei weiteren Kampfeinsätzen eingesetzt wurden. Sie blieben für den Rest des Feldzuges im Etappen- und Sicherungsdienst. Die glühende Hitze in dem wasserarmen, unübersichtlichen Gelände, eine unzweckmäßige Ausrüstung, die im Buschkrieg völlig unerfahrene Truppe und nicht zuletzt ein tapfer kämpfender Gegner forderten Unmögliches von dem Marine-Expeditionskorps. Erst, nachdem die Schutztruppe erheblich durch Truppen aus dem Reichsgebiet verstärkt worden war, konnte das Land befriedet werden. Sie hatte zuletzt Divisionsstärke erreicht.

Trotz aller Unzulänglichkeiten kann festgestellt werden, dass das Schutzgebiet Deutsch-Südwest ohne die frühe Hilfe durch das Marine-Expeditionskorps wohl verloren gewesen wäre. Die Zuführung von Verstärkungen für die Schutztruppe aus dem Deutschen Reich war naturgemäß sehr zeitaufwendig und traf oft zu spät ein.

Der Maji-Maji-Aufstand in Deutsch - Ostafrika 1905/06

Am 18. September 1905 brachte der Dampfer KAISER WILHELM II. ein Marineinfanterie Detachement unter Oberleutnant Stieler von Heydekampf nach Deutsch-Ostafrika. Seine Stärke betrug ein Offizier, drei Unteroffiziere und sieben Seesoldaten. Am 2. Oktober 1905 marschierten diese Marineinfanteristen unterstützt von 40 Askari und 180 Hilfskriegern (Ruga Ruga) über Niangao nach Massassi und richteten hier ein Basislager ein. So lauteten die Zeitungsmeldungen im Deutschen Reich im September und Oktober 1905. Im Deutschen Reich war der Einsatz der Seesoldaten in Deutsch Südwest und ihre großen Verluste Tagesgespräch geworden. Was stimmte nicht mit der deutschen Kolonialpolitik, fragten sich die Leute. Wie kam es überhaupt zu diesem Einsatz?

Der Einsatz im Maji-Maji-Aufstand

Die Erschließung Ostafrikas, die keine Rücksicht auf gewachsene alte Strukturen und gewachsene Gesellschaftsformen der einheimischen Bevölkerung nahm, und die teilweise unmenschliche Behandlung der Plantagenarbeiter durch deren Besitzer und die Akiden, arabisch untere Beamte der Kolonialverwaltung, führte zu Unruhen unter den Eingeborenen. Diese Stimmung ausnutzend versprach ein Zauberer namens Kinjikitile den Eingeborenen Wunderdinge durch sein heiliges Wasser (Maji-Maji), wie Schutz vor Krankheiten, aber auch Unverwundbarkeit gegen feindliche Kugeln, Speere und Pfeile. Diese magische Medizin hatte ihm angeblich Bokero, ein Vermittler zwischen Menschen und Naturgeistern übergeben. Bokero war ihm in Gestalt einer Schlange erschienen und hatte versichert, dass Kugeln wie Wassertropfen vom Körper abprallen würden.Tausende Eingeborene pilgerten in das Rufiyi- Gebiet, südlich von Daressalam. Kinjikitile gelang es, unbemerkt von der Kolonialverwaltung, welche die Menschenströme für religiöse Pilgerfahrten hielten, die Eingeborenen zu einem bewaffneten Aufstand gegen die Deutschen aufzuhetzen.

Ersatztransport der Kaiserlichen Schutztruppe für Deutsch-Südwest mit dem Postdampfer ERNST WOERMANN- Einschiffung in Cuxhaven, 1905

Dies führte Ende Juli 1905 zum Ausbruch von Gewalt bei Ssamanga gegen die deutsche Kolonialmacht. Die Unruhen breiteten sich sehr schnell über den gesamten Süden Deutsch-Ostafrikas aus. Der Kommandant des in Darassalam stationierten Kreuzers SMS BUSSARD, Korvettenkapitän Back, der die Entwicklung im Lande als sehr gefährlich beurteilt hatte, war sofort bereit, mit seiner in Bereitschaft stehenden Mannschaft die Schutztruppe zu verstärken. Der Kreuzer wurde ausgedockt und ging am 4. August 1905 vor Kilwa-Kivindje vor Anker. Polizisten, Reservisten der Schutztruppe, Askari, Ruga-Ruga, und 22 Matrosen unter dem Kommando von Oberleutnant zu See Paasche wurden bis zum 6. Juli 1905 an Land gebracht.

Mittlerweile war der Zauberer Kinjikitile nach einem Kriegsgerichtsverfahren hingerichtet worden. Den Vorsitz hatte der Regierungssekretär Stollowski übernommen, der höchste anwesende Beamte der Verwaltung in Mohoro. Die Reaktion der Aufständischen war nach der Hinrichtung barbarisch. Mordend, plündernd und brandschatzend zogen Tausende in Richtung Mohoro. Entgegen seinem Befehl, in Mohoro zu bleiben, marschierte Paasche am 9. August 1905 mit elf Matrosen und 30 Askari den Aufständischen todesmutig entgegen. Am 18. August 1908 kam es zum ersten Gefecht bei Utete, bei dem die kleine Truppe in einem Handstreich den Gegner überwältigte und in die Flucht schlug. Trotz der Übermacht der Maji war nur ein Matrose gefallen. Mit Unterstützung der Schutztruppe wurden bis zum Oktober 1905 die Aufständischen erfolgreich bekämpft, bis auf einen kleinen Rest, der in das Matumbi Hochland floh. Am 15. August 1905 hatte der von der Lage völlig überrumpelte Gouverneur, Graf Götzen, die Reichsregierung in Berlin um Hilfe gebeten. Die Antwort kam vier Tage später:

SEINE MAJESTÄT HABEN NACH VORTRAG DES REICHSKANZLERS BEFOHLEN, DASS ALS VERSTÄRKUNG NACH OSTAFRIKA ZWEI KEUZER „SEEADLER“ UND EINER SEINER AUS OSTASIEN SOWIE 150 MANN MARINEINFANTERIE, 4 OFFIZIERE, 1 ARZT UND CHARGEN, 4 MASCHINENGEWEHRE BALDMOEGLICHST ABGESENDET WERDEN.
GRAF HUELSEN, GENERAL-ADJUDANT.

Unter Führung von Hauptmann von Schlichting wurde am 23. August 1905 eine Kompanie des I. Seebataillons nach Deutsch-Ostafrika eingeschifft. Am 15. September gingen fünf Offiziere, 16 Unteroffiziere, 146 Seesoldaten und ein Stabsarzt in Daressalam an Land. Ausgeschifft wurde außerdem eine für SMS BUSSARD vorgesehene Maschinengewehr (MG)-Abteilung, bestehend aus drei Offizieren und 53 Mannschaften. Von dort ging es sofort weiter nach Kilwa und Lindi. Die aus Ostasien eintreffenden Kreuzer SMS SEEADLER und SMS THETIS gaben ebenfalls Besatzungsmitglieder für die Besatzungstruppe der Stützpunkte ab.

Das Marineinfanterie Detachement in Muansa im Maji-Maji-Aufstand

Das Marine Detachement Morogoro unter Leutnant Engelbrecht erreichte mit vier Unteroffizieren, 28 Mannschaften und einem Stabsarzt mit SMS BUSSARD Bagamojo und von dort mit einer Karawane den Einsatzort Morogoro, um die Schutztruppe von Hauptmann von Wangenheim abzulösen. Ihm wurde am 10. November 1905 ein Aufklärungseinsatz in Richtung Kilossa bis Mkata befohlen. Dabei kam es aber zu keiner Feindberührung. Im Aufklärungsgebiet war Ruhe eingekehrt.

Auf Anordnung des Gouverneurs verlegte das Kontingent nach Mpapua und von dort nach Kiboriani. Hier traf es am 18. Dezember 1905 ein und verblieb dort bis zur Heimfahrt am 4. Februar 1906 mit dem Dampfer KAISER WILHELM II. Wegen befürchteter Unruhen in der Region Usambara wurde ein Detachement in der Stärke von einem Offizier, drei Unteroffizieren und 28 Mannschaften unter

Führung von Leutnant von Milczewski nach Tanga verlegt. Die Lage war jedoch auch hier ruhig geworden, und so wurde die Truppe mit dem britischen Dampfer WINIFRED nach Muansa gebracht. Nachdem das dortige Hospital befestigt worden war, marschierte das Detachement am 30. Oktober 1905 zu einer Strafaktion

Kleiner (ungeschützter) Kreuzer BUSSARD

gegen den als Aufrührer geltenden Sultan Makongollo. Seine Stellung wurde gestürmt, doch der Sultan konnte entkommen. Um ganz sicher zu gehen, dass im Bezirk Muansa endgültig Ruhe herrschen würde, wurde am 2. Februar 1906 ein zweiter, wieder erfolgloser Versuch unternommen, um den Unruhestifter Sultan Makongollo in Gewahrsam zu nehmen.

Das Marineinfanterie Detachement in Kilwa im Maji-Maji- Aufstand

Das Matrosen-Detachement SMS BUSSARD wurde nach der Ausschiffung des Marineinfanterie Detachement, die vom 24. September bis zum 3. Oktober 1904 dauerte, abgelöst. Unter dem Kommando von Leutnant Freiherr von Stengel begann das Detachement sofort eine Expedition mit zwei Unteroffizieren, acht Seesoldaten und 25 Askari nach Wirima. Nach deren Erstürmung ging es in einem Dreitagemarsch weiter nach Mahonge, um den Telegraphenbautrupp Krüger zu sichern. Nach seiner Ablösung wurde es immer wieder in Gefechte im Raum Liwale verwickelt. Eine Ablösung des Kommandos aus dem Kampfauftrag wurde immer dringender. Der außerordentlich schlechte Gesundheitszustand der Soldaten führte dann endlich zu ihrer Verlegung nach Mnasi und am 19. Dezember 1905 zurück nach Kilwa zur Behandlung der Kranken und zur Erholung von den Strapazen.

Das Marineinfanterie Detachement in Lindi im Maji-Maji-Aufstand

Nachdem das Detachement am 1. Oktober 1905 in Lindi als Ablösung für das Landungskorps sieben Seesoldaten nach Mtschinga zur Ablösung der dort stationierten Askari in Marsch gesetzt hatte, stieß einen Tag später der Führer des Detachement, Oberleutnant Stieler von Heydekampf, mit drei Unteroffizieren, 10 Seesoldaten, 40 Askari und 180 Hilfskriegern, den sogenannten Ruga Ruga, über Niangao nach Massasi vor und richtet dort ein Lager ein. Am 18. November 1905 folgten die restlichen 18 Seesoldaten seines Kommandos. Es kam am 29. November 1905 zu einem kurzen Gefecht ohne Ausfälle. Jedoch musste das Detachement am 16. Dezember 1905 nach Lindi zurückkehren, weil 50 Prozent der Besatzung ernstlich erkrankt waren. Mit dem Rest wurde von Lindi aus ein 5-tägiger Stoßtrupp nach Yangwani unternommen, dann endete der Einsatz.

Das Marineinfanterie Detachement in Daressalam

Dieses Detachement bestand nur wenige Tage, dann wurde es am 26. September 1905 bzw. am 9. Oktober 1905 auf zwei Stützpunkte verteilt. Dem Führer, Hauptmann von Schlichting, unterstanden drei Unteroffiziere und 39 Soldaten, die folgendermaßen aufgeteilt wurden: Das erste Teildetachement unter Feldwebel Wallhöfer mit drei Unteroffizieren, 19 Mannschaften und einem Stabsarzt war die Ablösung für das Matrosen-Detachement SMS BUSSARD. Feldwebel Wallhöfer unternahm am 25. Oktober 1905 eine aufklärende Expedition, unterstützt von 19 Askari, nach Marendengo. Am 30. Oktober übergab er das Kommando an Stabsarzt Dr. zur Verth.

Das zweite Teildetachement wurde von Feldwebel Schmidt geführt. Sein Unteroffizier und 20 Seesoldaten waren als Ablösung für die Schutztruppen Abteilung in Kibata vorgesehen. Die dortige Basis war zu sichern und die Matumi-Berge von Aufständischen zu säubern. Bei dem Gefecht am 27. Oktober 1905 gegen 300 Angreifer und der Abwehr von 2 500 Kriegern am 14. November 1905 blieben die Seesoldaten ohne Verluste Sieger. Dieses letzte Gefecht war auch die letzte Kampfhandlung im Maji-Maji Aufstand.

Am 4. April 1906 ging es mit den Detachements aus Kibata und Mtingi mit der KAISER WILHELM II. nach Hause. Zwar zwar noch nicht überall Ruhe eingekehrt, aber die Schutztruppe war mittlerweile durch zahlreiche personelle und materielle Verstärkungen in der Lage, ohne fremde Hilfe zu operieren. Schwierigste Widersacher des Marineinfanterie Detachements waren jedoch nicht der Gegner, sondern die klimatischen und hygienischen Bedingungen, die viele Opfer forderten. Erfreulich an dem Einsatz in Deutsch-Ostafrika war, dass das Marineinfanterie Detachement nur zwei Tote zu beklagen hatte. Und diese waren ohne Feindeinwirkung an Krankheiten gestorben.

Das deutsche Skutari-Detachement erstürmt eine serbische Stellung bei Visegrad

Der Einsatz in den Balkankriegen (Albanien), 1913/14

Im Kapitel Standort Skutari wurde bereits beschrieben, warum in der Londoner Friedenskonferenz eine internationale Friedenstruppe als notwendig angesehen wurde. Um die albanische Stadt Skutari vor montenegrinischer und serbischer Okkupation zu schützen, wurden 120 Freiwillige des I. und II. Seebataillons durch A.K.O. vom 28. Juni 1913 als sogenanntes Marineinfanterie Detachement und damit als deutsches Kontingent der Europäischen Schutzmacht auf den Balkan verlegt. Dieses löste das Landungskorps des Kleinen Kreuzers SMS BRESLAU ab. Das unter dem Oberbefehl des britischen Admirals Sir Cecil Burney stehende Internationale Korps setzte sich somit aus einer Kompanie deutscher Marine-infanterie, zwei französischen Kompanien und je einem britischen, italienischen und österreichisch-ungarischen Bataillon zusammen.

Das deutsche Marineinfanterie Detachement traf am 7. Juli 1913 in Skutari ein. Es hatte folgende Stärke: ein deutscher Geschäftsträger, ein Kompanieführer, zwei Kompanieoffiziere, ein Marine-Stabsarzt,ein Marine-Zahlmeister, ein Feldwebel, 11 Unteroffizieren und 97 Seesoldaten. Während des Sicherungsdienstes in Skutari kam es zu keinen Zwischenfällen. Der Auftrag, Frieden zu sichern, war demnach erfüllt worden. Nach Ausbruch des Ersten Weltkrieges wurde das deutsche

Kontingent zunächst als 5. Kompanie dem österreichischen Skutari-Bataillon, dem IV. Bataillon k.u.k. Infanterie Regiment 87, unterstellt. Es wurde innerhalb dieses Verbandes in der Sicherungslinie des Drina-Abschnittes eingesetzt und nahm am 24. August 1914 am Gefecht bei Visegard teil, bei dem drei Soldaten fielen und 23 verwundet wurden. Am 7. September 1914 wurde das Detachement aufgelöst und mit dem aus dem III. Stamm-Seebataillon gebildeten VII. Seebataillon in das Marineinfanterie Regiment 3 des Marinekorps eingegliedert und in Flandern eingesetzt.

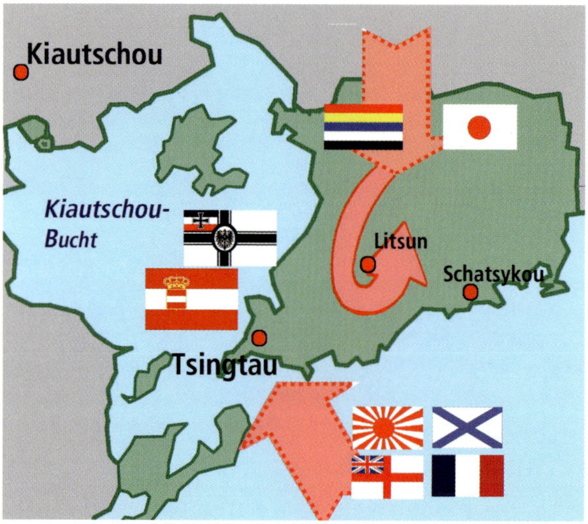

Angriff auf Tsingtau

Der Einsatz in Tsingtau 1914

Der Erwerb Tsingtaus im Jahre 1897 durch das Deutsche Reich führte nach dem Boxeraufstand bei den übrigen Großmächten zunehmend zu Argwohn gegenüber der aufstrebenden Kolonie und wurde in das einsetzende Machtspiel der Großmächte einbezogen. So sah sich das deutsche Schutzgebiet nach Ausbruch des Ersten Weltkrieges einer Vielzahl von Feinden gegenüber. Es waren von See her Japan mit seiner gesamten Flotte, Großbritannien mit einem Schlachtkreuzer, 13 Kreuzern, einem Schlachtkreuzer aus Australien, einem Linienschiff und zwei Panzerkreuzern, Frankreich mit zwei Panzerkreuzern und Russland mit zwei Kreuzern.

Von Land her bedrohte Japan mit seinem gesamten Heer, China mit einzelnen Heeres-Verbänden und Großbritannien mit Regimentern aus den Kolonien das deutsche Schutzgebiet. Im Schutzgebiet bereiteten sich die Deutschen, nachdem sie das japanische Ultimatum, das Pachtgebiet an sie zu übergeben, abgelehnt hatten, mit folgenden Truppen zur Verteidigung vor:

- Das III. Seebataillon mit der 1. bis 4. Kompanie, der 5. Kompanie (beritten), der Marine Pionier Kompanie, der Marine Feld Batterie, der MG Kompanie der 6. und 7. Reserve Infanterie Kompanie, und der Reserve Marine Feld Batterie.

Hinzu kamen folgende Seestreitkräfte:

- Der Panzerkreuzer KAISERIN ELISABETH der k.u. k. Marine, das Torpedoboot S 90, die
- Kanonenboote TIGER, ILTIS, JAGUAR, LUCHS und CORMORAN.

Die Artillerie sollte den Feuerkampf aus den folgenden Feuerstellungen führen: Oberer Iltisberg mit zwei 10,5 cm-Schnellfeuerkanonen, Unterer Iltisberg mit sechs alten 12 cm-Bronzekanonen, Bismarckberg mit zwei 21 cm-Kanonen, und Taitungtschen mit zwei alten 12 cm- Bronzekanonen. Seeziele konnten aus fünf weiteren Feuerstellungen bekämpft werden: Von Huitschenhuk mit zwei 24 cm-Kanonen, von Hsiauniwa mit vier 21 cm-Kanonen, vom Bismarckberg mit vier 28 cm- Haubitzen, von Tsingtau mit vier 15 cm-Kanonen und von Yunnuisan mit vier 8,8 cm-Kanonen.

In fieberhafter Eile wurden Minensperren an den Landungsplätzen gelegt und die Einfahrt zur Bucht von Kiautschou ständig überwacht. Die vorbereiteten Artilleriestellungen und Infanteriewerke wurden besetzt. Die Garnison im Schutzgebiet fühlte sich gründlich und gut auf einen Kampf vorbereitet. Patrouillen wurden zur Aufklärung eingesetzt und die Außendetachements waren darauf eingestellt, ein gegebenenfalls nötiges Verzögerungsgefecht zu führen. Um diese zahlreichen Aufträge durchführen zu können und um die Truppen zu verstärken, wurde das III. Seebataillon mobilisiert und das Ostasiatische Marine Detachement nach Tsingtau verlegt.

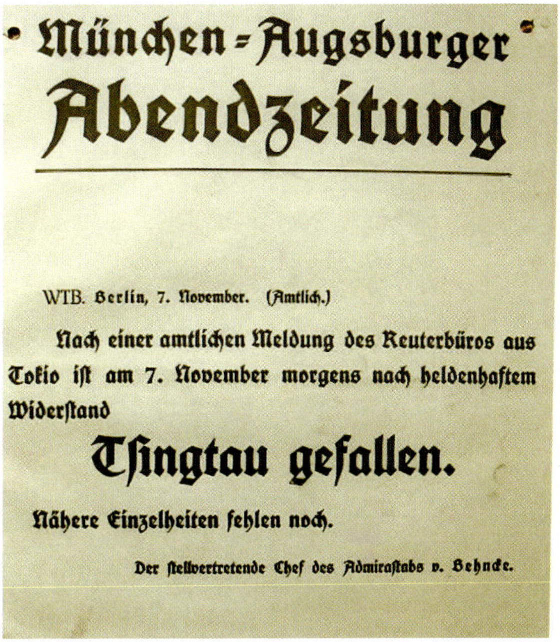
München-Augsburger

Abendzeitung

WTB. Berlin, 7. November. (Amtlich.)

Nach einer amtlichen Meldung des Reuterbüros aus Tokio ist am 7. November morgens nach heldenhaftem Widerstand

Tsingtau gefallen.

Nähere Einzelheiten fehlen noch.

Der stellvertretende Chef des Admirastabs v. Behncke.

Meldung der München-Augsburger Abendzeitung

Die Japaner erreichten am 2. September 1914 das Gebiet Paischaho. Sie wurden zwar von den Außenstützpunkten immer wieder aufgehalten, stießen aber am 5. September 1904 weiter vor und erreichten am 13. September 1904 die Grenze des Schutzgebietes bei Tsimo.

Nach der erfolgreichen Landung am 18. September 1904 bei Lauschan besetzten die Invasoren nach verlustreichen Gefechten bei Holtung am 19. September 1914 Kiautschou und am 23. September 1904 Kaumi. Die vorbereitete Verteidigungslinie wurde nach Aufnahme der Verzögerungskräfte auf der Linie Haipo-Fouschanbucht bezogen. Dazu wurden die Infanteriewerke und deren Zwischenräume folgendermaßen besetzt:

- das Infanteriewerk 1 durch die 1. Kompanie, III. Seebataillon, Hauptmann Weckmann,
- das Infanteriewerk 2 durch die halbe 7. Reservekompanie III. Seebataillon, Hauptmann Schulz,

- das Infanteriewerk 3 durch die halbe 7. Reservekompanie, III. Seebataillon, Oberleutnant Ramin,
- das Infanteriewerk 4 durch die 2. Kompanie III. Seebataillon, Hauptmann Lancelle und
- das Infanteriewerk 5 durch die 3. Kompanie III. Seebataillon, Major von Wedel.

Die Zwischenräume wurden von drei Detachements verteidigt; der linke Flügel vom Ostasiatischen Marine Detachement unter Oberstleutnant Kuhlo. Dazu gehörten folgende Einheiten:

- die 1. Kompanie, Ostasiatisches Marine-Detachement von Hauptmann Graf von Hertzberg,
- die 2. Kompanie, Ostasiatisches Marine-Detachement von Hauptmann Schaumberg,
- die 3. Kompanie, Ostasiatisches Marine-Detachement von Hauptmann von Strantz,
- die Marinekompanie von Kapitänleutnant von Saldern und ein österreichischer Landungszug, der Oberleutnant der Reserve Wiegand unterstand.

Die Mitte wurde unter Führung von Major Kliemann verteidigt. Dazu standen ihm die 5. (berittene) Kompanie, III. Seebataillon, geführt von Oberleutnant Rie-

Die eroberte Bismarck-Artilleriestellung

dinger, die Marinepionierkompanie III. Seebataillon unter Oberleutnant Charriere und ein österreichisches Landungsdetachement unter dem Kommando von Oberleutnant von Schlick zur Verfügung. Die Verteidigung des rechten Flügels wurde Major Anders befohlen. Ihm unterstanden die 4. Kompanie III. Seebataillon, Kompaniechef Hauptmann Perschmann, und die 6. Reservekompanie III. Seebataillon von Oberleutnant Buttersack.

Zwar konnte der Feind im Gefecht bei Kutau am 26. September 1914 auf der Linie Tsankou-Litsun-Schatsykou zum Stehen gebracht werden, doch aus taktischen Gründen musste der rechte Flügel am 28. September 1914 in vorbereitete Stellungen zurückgezogen werden. Er lief in Gefahr, abgeschnitten zu werden. So fielen den Japanern die Walderseehöhe, die Prinz Heinrich Berge, Kuschan, Schatsykou, Litsun und Syfang kampflos in die Hände. Nachdem die Verteidigungsstellungen bezogen waren, befahl der Kommandeur des Seebataillons, der gleichzeitig Oberbefehlshaber der Landtruppen war, dem Ostasiatischen Marine-Detachement am 2. Oktober 1914 einen Angriff auf Schuan-schan mit folgenden Aufträgen:

Rechts greift die 1. Kompanie unter Hauptmann Graf von Hertzberg aus dem Bereitstellungsraum Tung-wu-tschia-tsun den Ostabhang Schuangschan an; links die von Hauptmann Schaumburg geführte 2. Kompanie aus dem Bereitstellungsraum Wegekreuz Haipo Brücke, um von dort aus den Westabhang Schuanschan zu nehmen und als Reserve hatte sich die 3. Kompanie unter Hauptmann von Strantz im Raum Hsi-wu-tschia-tsun, auf der Höhe 36,5 bereitzuhalten.

Der um 21.00 Uhr begonnene Angriff war am linken Flügel sehr erfolgreich. Das befohlene Angriffsziel wurde ohne Widerstand genommen. Der rechte Flügel erhielt kurz vor Erreichen des Zieles starkes Feuer. Der Zugführer des besonders betroffenen Zuges, Oberleutnant Baake, befahl deshalb den Rückzug. Dies bedeutete aber den Rückzug der gesamten Kompanie, weil die Verbindungen abrissen und eine einheitliche Führung nicht mehr gegeben war. Um 23.00 befahl Oberst Kuhlo, Kommandeur des Ostasiatischen Marine-Detachement, aufgrund der unsicheren Befehlslage den Rückzug.

Am 26. Oktober 1914 beschossen die Japaner mit ihrer Schiffsartillerie die Stadt Tsingtau. Ein Infanteriewerk nach dem anderen wurde trotz heftiger Gegenwehr der Deutschen von den zahlenmäßig weit überlegenen japanischen Streitkräften genommen. Um 06.20 ging auf dem Signalberg die weiße Fahne hoch, weiterer Widerstand war sinnlos geworden. Der Kommandeur des III. Seebataillon ging mit 1 300 Mann in japanische Gefangenschaft. Auf den Tag genau, 17 Jahre nachdem der erste Soldat Kiautschou betreten hatte, verließ der Gouverneur als letzter Soldat das Schutzgebiet als Gefangener nach Japan.

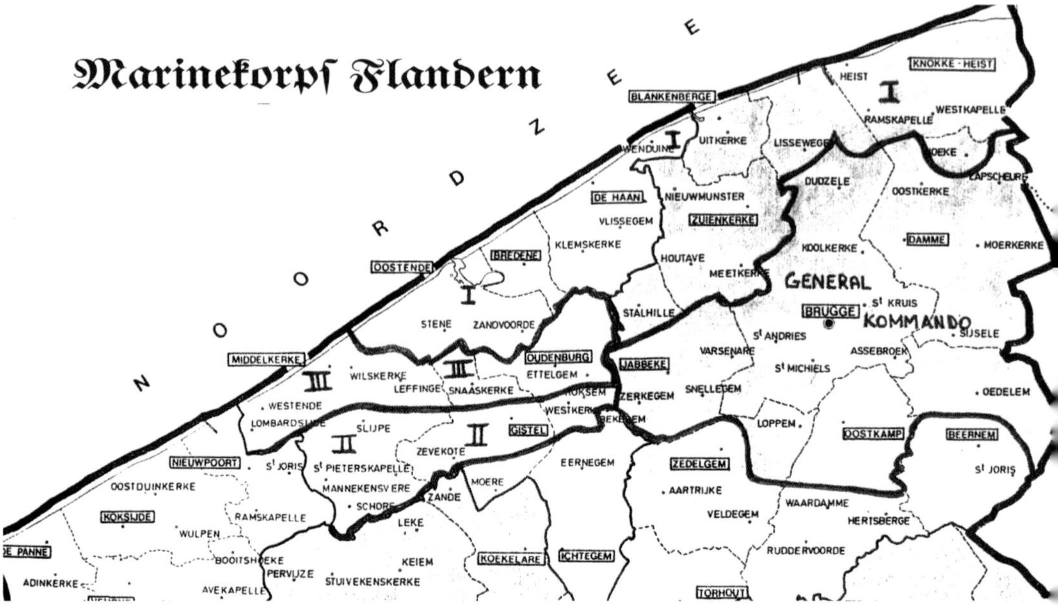

Einsatz des Marinekorps in Flandern 1914-1918

Bei Ausbruch des Ersten Weltkrieges galt es zunächst im Rahmen des Schlieffenplans, den Vormarsch nach Nordfrankreich der sieben deutschen Armeen vor Angriffen am rechten Flügel zu schützen. Die Marineinfanterie wurde deshalb in den Raum nördlich Brüssel verlegt, um ein eventuelles Landungsunternehmen der Briten zu vereiteln. Dies geschah auf Betreiben von Großadmiral Tirpitz, der forderte, dass eine Marineeinheit nach Flandern in Marsch gesetzt werden sollte, um die dortige Küstenverteidigung zu übernehmen und somit sicher zu stellen, dass von dort aus Seeoperationen gegen England geführt werden konnten.

Gemäß A.K.O. vom 26. August 1914 wurde zunächst die Aufstellung einer „mobilen Marineinfanteriebrigade“ befohlen, der wenig später die Weisung folgte, eine Marinedivision aufzustellen. Am 15. November 1914 wurde diese zum Korps erweitert. Ihr fiel die Deckung des rechten Flügels des Heeres von Schoorbake bis zur Küste und daran anschließend der Schutz der flandrischen Küste zu. Zwar war das Korps dem Heer unterstellt, jedoch konnte es bei allen Küsten- und Seeunternehmen selbständig handeln.

Das Personal kam aus Teilen der Seebataillone I und II, aus ca. 3 000 Mann der Seewehrabteilungen der Nord- und Ostsee. Aus einer Landwehr-Feldartillerieabteilung des Stationskommandos Kiel und aus Wilhelmshaven kamen je eine halbe Kavallerieschwadron, Matrosenartilleristen aus den Küstenwerken der Elbe, Weser, Jade und der Ostsee sowie die für die Hochsee gedachten Reserven der Matrosen-, Werft- und Torpedodivisionen. Verstärkt wurden die zunächst zwei

Divisionen durch zwei Marine-Landfliegerabteilungen, eine Wasserflugstation, eine Marine-Feldluft-schifferkompanie und eine Marine-Fesselballonabteilung. Mitte September 1914 hatte das Korps eine Stärke von 17 000 Mann erreicht, davon waren 7 500 Seesoldaten.

Anfangs war das Marinekorps in seiner Zusammensetzung und Ausbildung wie in Ausrüstung und Bewaffnung eine behelfsmäßige Truppe, die sich in der Umgebung von Brüssel zu sammeln begann. Die Seebataillone in ihren dunklen Friedensuniformen, aber vorzüglich ausgebildet und geführt, die Matrosen meist in ihren „blauen Päckchen", manche in notdürftig gefärbtem Arbeitszeug, mit Rucksäcken anstelle von Tornistern, ohne Feldküche und Bagagen und mit Kenntnissen des Landkrieges, die sie in der Grundausbildung erlernt hatten. Aber alle diese Mängel wurden aufgehoben durch die Persönlichkeit des Kommandeurs, zu dem durch Kaiserliche Kabinettsorder vom 29. August 1914 der Admiral Ludwig von Schröder ausersehen worden war.

Admiral von Schröder sollte bald einen legendären Ruf erreichen. Seine in vielen Bordkommandos gemachten Erfahrungen gepaart mit großer Energie ließen die ihm gestellten Aufgaben mit Bravour bewältigen. Er führte das Marinekorps zielgerichtet und entschlossen. Viele Anekdoten umrankten den Admiral, der bald in Deutschland „Löwe von Flandern" genannt wurde.

Am 27. September 1914 griffen die Marineinfanterie-Brigade, geführt von General Wichmann, unterstützt durch die Matrosenartillerie-Brigade von Kapitän zur See Herr, die Festung Antwerpen an und nahmen sie. Nach einer kurzen Zeit der Ruhe als Besatzung folgte die Verlegung an die Küste Flanderns. Schwere Kämpfe folgten. Die Marineinfanterie überwand am 6. auf 7. Oktober 1914 die Nethe-Stellung und das V. Seebataillon

Bild oben: Feldgrauer Marinesoldat eines Matrosen-Regiments 1916 in Flandern; Bild unten: Admiral von Schröder

stürmte das Fort Waelham. Als die belgische Armee von Antwerpen nach Westen auswich, setzte die Marineinfanterie nach, und sieben Bataillone führten zum Teil im Nahkampf ein verlustreiches Verfolgungsgefecht bei Lombardzyde. Die große Tapferkeit wurde mit einem hohen Blutzoll erkauft. 189 Marineinfanteristen und Marine-Artilleristen waren gefallen, fast 580 verwundet.

Fliegerwacht in Brügge

Das 2. Matrosenregiment kämpfte verlustreich 1915 bei Ypern, das 3. Matrosenregiment 1916 an der Somme. Wieder waren viele Ausfälle zu beklagen, 50 Offiziere und 3 000 Mann waren gefallen oder verwundet. Es begann der Ausbau der Stellungen in den flandrischen Dünen, ihre artilleristische Befestigung und die militärische Nutzung der von Brügge nach Zeebrügge und Ostende führenden Kanäle, die zu Stützpunkten der Unterseeboot-, Torpedoboot- und ab Frühjahr 1916 auch der Zerstörerflottille-Flandern wurden. Danach erstarrte die Front bis zum Juli 1917. Ein Angriff auf die nun von Briten besetzten Stellungen brachte nur einen geringen Geländegewinn. Der Stellungskrieg ging weiter. Eine 3. Marinedivision wurde durch das Herauslösen der Marineinfanterie aus der 2. Division am 3. Juni 1917 aufgestellt. Die Gesamtstärke betrug nun 60 000 bis 70 000 Mann.

Am 31. März 1918 begann das deutsche Heer mit einem Angriff auf der gesamten Frontbreite. Die III. Marinedivision wurde an vorderster Front eingesetzt und kämpfte bis zur totalen Erschöpfung unter hohen Verlusten an vielen Brennpunkten, in Longuevalle, Bazentin le Petit, Bazentin le Grand, Albert und Aveluy und Bapaume, um nur einige zu nennen. Von dem Ausfall von 103 Offizieren und 2 580 Mann, den diese Kämpfe gefordert hatten, konnte sich die Matrosendivision nicht mehr erholen. Sie wurde daraufhin in die Etappe zurückbefohlen.

In der Nacht vom 22. auf den 23. April 1918 griff ein Bataillon der Royal Marines die Schleusen von Zeebrügge und Ostende an. Ihr Ziel war, die Schleuse durch Sperrschiffe unbrauchbar zu machen. Der mutig vorgetragene Angriff wurde erfolgreich abgewehrt. Die Sperrschiffe konnten die vorgesehenen Punkte nicht erreichen. Keiner der britischen Soldaten konnte sich auf die wartenden Begleitschiffe retten. Das aus drei Divisionen bestehende Marinekorps Flandern wurde im Laufe des Krieges den Erfordernissen angepasst, umgegliedert und verstärkt.

Die I. Marinedivision

Sie wurde am 29. November 1914 aufgestellt und bestand am 12. Dezember 1914 aus folgenden Verbänden:

Marineinfanterie bei der Verpflegungsausgabe in Flandern

- 1 Marineinfanteriebrigade mit den Marineinfanterieregimentern 1 und 2,
- 1. Marinebrigade mit dem 1. Matrosenregiment und dem 1. Matrosenartillerieregiment,
- 2. Marinebrigade mit der Landwehr-Eskadron des X. Armee Korps,
- 1. Landwehr-Feldartillerieabteilung des X. Armeekorps,
- 2. Matrosenartillerieregiment,

- Am 19. Oktober 1918 gab es die folgende Zusammensetzung:
- 1. Marinebrigade mit dem 1. Matrosenregiment,
- 1. Küstenbataillon und
- 1. Matrosenartillerieregiment,
- 2. Marinebrigade mit dem 2. Matrosenregiment ,
- 2. und 3. Küstenbataillon, 2. Marineartillerieregiment,
- 2. Matrosenartillerieregiment,
- 1. Marinepionierbataillon,
- Divisions-Nachrichten-Kommandantur 291.

Die II. Marinedivision

Sie wurde am 24. November 1914 aufgestellt und bestand am 12. Dezember 1914 aus folgenden Verbänden/Einheiten:

- 3. Marinebrigade mit 3. Marineinfanterieregiment und 3. Matrosenregiment,
- 4. Marinebrigade mit dem 4. und 5. Matrosenregiment,
- 3. Landwehr-Eskadron des IX. Armeekorps,
- 1. und 2. Marine-Feldartilleriebatterie und der
- 3. Marinepionierkompanie.

Am 19. Oktober 1918 gab es die folgende Veränderung:

- 3. Marinebrigade mit dem 3., 4. und 5. Matrosenregiment,
- 4. Eskadron 10. Husarenregiment,
- Artilleriekommando 243 mit Landwehr-Feldartillerieregiment 258,
- 2. Marinepionierbataillon und
- Divisions-Nachrichten-Kommandantur 292.

Die III. Marinedivision

Sie wurde am 3. Juni 1917 eingerichtet, angegeben wird hier aber der Stand vom 1. Juli 1917:

- Marineinfanteriebrigade mit der 1., 2., und dem 3. Marineinfanterieregiment,
- 3. Eskadron 7. Husarenregiment,

- 9. Feldartillerieregiment (2 Abteilungen Kanonen, 1 Abteilung leichte Feldhaubitzen),
- 115. Pionierbataillon mit 1 Reservekompanie des 24. Marinebataillons,
- 1 Pionierversuchskompanie,
- 160. Minenwerferkompanie,
- Fernsprechabteilung 293.

Am 8. März 1918 setzte sich die Division folgendermaßen zusammen:
- Marineinfanteriebrigade mit dem 1., 2. und 3. Marineinfanterieregiment,
- MG-Scharfschützen-Abteilung 11,
- 3. Eskadron 7. Husarenregiment,
- 9. Feldartillerieregiment mit dem 1. Reservebataillon Fußartillerieregiment 6,
- 115. Pionierbataillon,
- Divisions-Nachrichten-Kommandantur 293.

Am 16. Oktober 1918 gab Admiral von Schröder den letzten Korpstagesbefehl:

Marinekorps **Korpshauptquartier, den 16.10.1918**
Korpsbefehl
Auf Befehl der Obersten Heeresleitung wird das Marinekorps seine jetzigen Kampfstellungen räumen, um in neue Widerstandstellungen geführt zu werden.
Das Marinekorps hat die flandrische Küste und die anschließenden Landfronten nunmehr vier Jahre hindurch gehalten, ohne einen Fußbreit Landes preisgegeben zu haben; seine Aufgabe, den Heeren unserer Westfront als Flankensicherung zu dienen, hat es voll erfüllt.
Wenn unsere Truppen nunmehr aus ihren festen Stellungen unbesiegt herausgezogen werden, so können sie diese verlassen mit dem stolzen Bewusstsein treuer, tapferer Pflichterfüllung. Keine übermächtige Flotte der verbündeten Gegner hat es auch nur gewagt, die unbezwingliche Seefestung von Flandern ernstlich anzugreifen, und das Marinekorps würde die Küste nach wie vor unbegrenzte Zeit gehalten haben.
Bei der nun bevorstehenden schweren Aufgabe des Räumens und des Rückmarsches erwarte ich, dass die alte Manneszucht sich in hellem Lichte zeigen wird; daran liegt die Probe auf die Tüchtigkeit von Führern und Truppen.
Trotzigen Sinnes rücken wir in neue Stellungen ein, in denen wir unseren alten Kriegsmut beweisen wollen.
Mit hoher und dankbarer Anerkennung gedenke ich schließlich heute der schwimmenden Streitkräfte. Von opferfreudigen Angriffsgeist beseelt, waren sie alle die Jahre hindurch der Schrecken unserer Feinde bis weit in die freien Meere. Sie haben die Ehre der Flagge hochgehalten bis zum letzten Tage. *v. Schröder*

Die vorläufige Reichsmarine und die Küstenwehrabteilungen

Am 16. April 1919 verkündete der damalige Reichspräsident Friedrich Ebert das „Gesetz über die Bildung einer vorläufigen Reichsmarine". In den ergänzenden organisatorischen Bestimmungen waren auch je eine Marinebrigade bei den Marinestationen der Nord- und Ostsee vorgesehen, die kleineren Marinestützpunkte sollten eine Küstenwehrabteilung erhalten. Diese Planung wurde allerdings durch die Bestimmungen des sogenannten Versailler Friedensvertrages zerschlagen. Die zugebilligte Personalstärke von nur 15 000 Mann der zukünftigen Marine ließ es nicht zu, diese Planung umzusetzen. Zwar bestanden Anfang 1919 für kurze Zeit die 1. Marinebrigade von Roden, die 2. Marinebrigade unter Korvettenkapitän Erhardt in Wilhelmshaven und die 3. Marinebrigade unter dem Kommando von Korvettenkapitän von Loewenfeld. Diese beiden letztgenannten wurden schwerpunktmäßig im Reichsgebiet zur Bekämpfung zumeist kommunistischer Unruheherde eingesetzt.

Darüber hinaus gab es noch eine Reihe weniger in Erscheinung tretende Einheiten:

- Freiwillige Marine-Division Ost (Bromberg/Hinterpommern),
- Küstenwehr-Abteilung Friedrichsort,
- Freiwilliges Insel-Bataillon Borkum,
- Freiwilligenkorps Wilhelmshaven,
- Sicherheitswehr Cuxhaven,
- Freikorps Schwarze Jäger (Marine-Infanterie) und
- Eiserne Flottille

Der Einsatz des Freikorps „Schwarze Jäger"

Dieses Freikorps wurde im „Rahmen der Wiederherstellung der öffentlichen Ordnung" in Wilhelmshaven eingesetzt. Es kam vorwiegend aus den Marineinfanterie Regimentern 2 und 3, die 1914 aus dem II. Seebataillon und dem III. Stamm-Seebataillon hervorgegangen waren. Den Namen „Schwarze Jäger" hatten die Seesoldaten wegen ihrer schwarzen Mäntel von den Franzosen erhalten („Chasseurs noirs") und übernommen.

Das Freikorps gliederte sich wie folgt:

- in den Stab,
- die 1. Kompanie,
- die 2. Kompanie,
- die 3. Kompanie,
- die 4. Kompanie,

- einen Pionierzug,
- eine MG-Kompanie,
- einen Minenwerfer-Zug
- und in eine Ersatzkompanie.

Aufruf aus dem Jahr 1919

Der wichtigste Einsatz des Freikorps war in der Nacht vom 27. auf 28. Januar 1919, es bekämpfte das „Revolutionäre Komitee" und erstürmte dessen Hauptquartier in der „1000-Mann-Kaserne" in Wilhelmshaven. Von März bis Juni 1919 war es dann im Sicherungsdienst eingesetzt und wurde anschließend im Grenzgebiet Ost verwendet. Nach Beendigung dieses Einsatzes wurde das Freikorps ein regulärer Teil des in Flensburg stationierten Reichswehr-Infanterie-Regiments.

Im Jahre 1920 begann der Aufbau der neuen Marine, gestört durch Unruhen in den eigenen Reihen (Kapp-Putsch), dem Rücktritt des Verteidigungsministers Noske und des Chefs der Marineleitung von Trotha. Unter Berücksichtigung der gemäß Versailler Vertrag zugestandenen Stärke der Reichsmarine wurden dann 1921 sechs Küstenwehrabteilungen gegründet, deren Zuständigkeitsgebiete sich folgendermaßen ergaben:

- die Küstenwehrabteilung I in Swinemünde, für die Küste Pommerns,
- die Küstenwehrabteilung II in Wilhelmshaven, für die Jademündung bis zur Insel Langeoog,

- die Küstenwehrabteilung III in Kiel-Wik, Küste Schleswig-Holsteins und Mecklenburgs,
- die Küstenwehrabteilung IV in Cuxhaven und Lehe, Elbe- und Wesermündung, Inseln bis Sylt,
- die Küstenwehrabteilung V in Pillau, für die Küste Ostpreußens,
- die Küstenwehrabteilung VI auf Borkum und in Emden, Emsmündung bis zu den Niederlanden.

Der Kieler Hafen und die Einfahrt in den Kaiser-Wilhelm-Kanal blieben zunächst ungeschützt, eine später aufgestellte Sperrabteilung in Kiel erhielt den Auftrag, diese gegebenenfalls durch Minensperren zu schützen. Jede dieser Abteilungen bestand aus dem Stab, aus drei Kompanien mit einer sehr geringen Stärke von knapp 70 Mann und einer MG-Kompanie. Die Ausbildung erfolgte an den wenigen zugelassenen Hand- und Maschinenwaffen. Für die feldmäßige Ausbildung wurden die Übungsplätze des Heers in der Senne, Munsterlager und Arys genutzt. Verwendet wurden weiterhin die Ausbildungsvorschriften des Heeres, und feldgrau waren auch die Angehörigen der Küstenwehrabteilungen uniformiert. Am 1. Oktober 1926 wurden die 6 Küstenwehrabteilungen in Marineartillerieabteilungen umbenannt. Zwar blieb die Ausbildung weitgehend infanteristisch, der Küstenschutz wurde aber durch Küstenartillerie, Flugabwehr- und Sperrwaffen spezialisiert. Entsprechend dieser besonderen Ausbildung wurden die Abteilungen in Artillerie-, Flak- und Sperrkompanien gegliedert.

Stellenbesetzungslisten

Stellenbesetzung des Brandenburgischen Marinier-Corps

Bataillonskommandeure:
16.05.1685 - 1699: Capitain du Moulin
1699 - 17??: Obristlieutnant de Vulson
Chefs der 1. Kompanie:
1684 - 1698: Capitain du Moulin
1698 - 17??: Obristwachtmeister de Vulson
Chef der 2. Kompanie:
1685 - 1692: Capitain Leewen
Chef der 3. Kompanie:
1687 - 1692: Capitain von Hirsch
Chef der 4. Kompanie:
1688 - 17??: Capitain Franz Ferdinand Baron von Knyphausen

Stellenbesetzung des Preußischen Marinier-Corps

Kommandeure des Preußischen Marinier-Corps:

23.12.1849 - 26.09.1851: Major Johann Gaede
30.09.1851 - 12.05.1852: Major Eduard Burchardt

Stellenbesetzung des Preußischen Seebataillons

Kommandeure des Preußischen Seebataillons:

13.05.1852 - 08.05.1855: Major Eduard Burchardt
08.05.1855 - 29.04.1862: Major Carl Graf von Strachwitz
29.04.1862 - 09.01.1864: Oberstleutnant Carl Baron von Gayl
09.01.1864 - 15.09.1866: Major Hugo von Bismarck
15.09.1866 - 25.02.1869: Major Hugo von Loos
25.02.1869 - 22.08.1871: Major Curt von Haeseler
22.08.1871 - 05.04.1877: Major Gustav von Behr
05.04.1877 - 22.03.1881: Oberstleutnant Theodor am Ende
22.03.1881 - 23.08.1883: Major Oscar Kleckl
23.08.1883 - 31.03.1889: Major Georg von Roques

Stellenbesetzung der Inspektion der Marine-Infanterie

Inspekteure der Marine-Infanterie:

01.04.1889 - 24.03.1890: Oberst Georg von Roques
24.03.1890 - 09.02.1891: Oberstleutnant Oldwig von Natzmer
14.02.1891 - 15.07.1893: Oberstleutnant Maximilian von Mützschefahl
15.07.1893 - 16.06.1896: Oberstleutnant Heinrich von Fransecky
16.06.1896 - 22.03.1902: Oberstleutnant von Hoepfner
22.03.1902 - 20.07.1904: Oberstleutnant Karl Dürr
20.07.1904 - 04.04.1908: Oberstleutnant Otto Wyneken
04.04.1908 - 18.10.1908: Oberst Georg von Glasenapp
18.10.1908 - 19.07.1911: Oberst von Bodungen
19.07.1911 - 25.12.1914: Oberst von Wichmann
25.12.1914 - 24.09.1916: Oberst von Eberhard
25.09.1916 - 01.04.1917: Oberst Graf von Moltke
21.04.1917 - 1918: Oberst von Goetze

Stellenbesetzung des I. Seebataillons

Kommandeure:

01.04.1889 - 14.05.1894: Major Curt Lölhöffel von Löwensprung
14.05.1894 - 12.09.1896: Major Waldemar von Hennigs
12.09.1896 - 01.08.1898: Major Karl Dürr

01.08.1898 -	12.10.1901:	Major Cuno von Madai
19.10.1901 -	16.03.1905:	Major Theophil von Barsewisch
16.03.1905 -	04.04.1908:	Major Georg von Glasenapp
04.04.1908 -	20.04.1910:	Major von Scheliha
20.04.1910 -	07.09.1916:	Major Lessing
07.09.1916 -	07.07.1918:	Oberstleutnant von Usedom
07.07.1918 -	1918:	Oberstleutnant Wandtke

Stellenbesetzung des II. Seebataillons

Kommandeure:

01.04.1889 -	22.05.1893:	Major Hermann Gresser
26.05.1893 -	20.05.1896:	Major Wilhelm von Boetticher
20.05.1896 -	17.12.1897:	Major Oskar Kopka von Lossow
01.04.1898 -	01.08.1898:	Major Cuno von Madai
01.08.1898 -	24.02.1900:	Major Oskar Kopka von Losow
24.02.1900 -	19.03.1900:	Major Johannes Christ
19.03.1900 -	06.06.1901:	Major Victor von Kronheim
06.06.1901 -	01.03.1902:	Major Richard Hofrichter
01.03.1902 -	16.03.1905:	Major Georg von Glasenapp
16.03.1905 -	04.04.1908:	Major von Scheliha
04.04.1908 -	30.01.1909:	Major von Below
01.03.1909 -	01.10.1913:	Major Paul von Lettow-Vorbeck
01.10.1913 -	24.09.1916:	Major von Goetze
24.09.1916 -	1918:	Major Schneider

Stellenbesetzung des III. Seebataillons

Kommandeure:

17.12.1897 -	01.08.1898:	Major Oskar Kopka von Lossow
01.08.1898 -	19.03.1900:	Major Karl Dürr
19.03.1900 -	14.02.1902:	Major Johannes Christ
01.03.1902 -	10.11.1903:	Major Richard Hofrichter
12.11.1903 -	01.08.1907:	Major Arwed von Frobel
01.08.1907 -	30.03.1909:	Major Hermann Credner
30.03.1909 -	20.03.1912:	Major von Below
20.03.1912 -	31.12.1913:	Major Luiz Freiherr von Liliencron
01.01.1914 -	07.11.1914:	Major Kessinger

1914 siehe Marinekorps Flandern

Stellenbesetzung der Stamm- und Ersatz-Seebataillone

Chefs der 1. Stammkompanie:
1901 - 1902: Hauptmann Christiani
1902 - 1903: Hauptmann Zeller
1903 - 1904: Hauptmann von Restorff
1904 - 1905: Hauptmann Conradi
1905 - 1906: Hauptmann Generaldirektor
1906 - 1907: Hauptmann von Restorff
1907 - 1908: Hauptmann Mauve
1908 - 1909: Hauptmann von Valentini
1909 - 1910: Hauptmann von Schoeler
1910 - 1912: Hauptmann Hink
1912 - 1913: Hauptmann von Wedel
1913 - 1914: Hauptmann Graf von Hertzberg
1914: Hauptmann Retzlaff

Chefs der 2. Stammkompanie:
1901 - 1902: Hauptmann Fricke
1902 - 1903: Hauptmann von Knobelsdorff
1903 - 1904: Hauptmann Fricke
1904 - 1907: Hauptmann Zeller
1907 - 1908: Hauptmann Timme
1908 - 1910: Hauptmann Jaeger
1910 - 1911: Hauptmann Lieber
1911 - 1912: Hauptmann Pinder
1912 - 1913: Hauptmann Kleemann
1913 - 1914: Hauptmann Lancelle
1914: Hauptmann Witt

Chef der Stammbatterie bis 1913 und der 3. Stammkompanie ab 1903:
1901 - 1902: Leutnant Hedicke
1902 - 1903: Hauptmann von Kries
1903 - 1904: Leutnant von Ziegner
1904 - 1905: Oberleutnant Mueller
1905 - 1906: Hauptmann von Gilsa
1906 - 1907: Hauptmann Mueller
1907 - 1908: Leutnant von Bendemann
1908 - 1909: Hauptmann Ingenohl
1909 - 1910: Leutnant Kuhn

1910 - 1911: Oberleutnant von Ziegner
1911 - 1912: Hauptmann Mueller
1912 - 1913: Oberleutnant Hoffmann
1913 - 1914: Hauptmann Sodan

Führer ab 1904 und Kommandeure ab 1906 des III. Stamm-Seebataillons:
1904 - 1907: Major Credner
1907 - 1910: Major von Frobel
1910 - 1912: Major Freiherr von Liliencron
1912 - 1913: Oberstleutnant von Below
1913 - 1914: Major von Bernuth

Stellenbesetzung des Freikorps „Schwarze Jäger", 1919
Kommandeur: Major/Oberstleutnant Paul Schneider
Chef der 1. Kompanie: Hauptmann Jaentsch
Chef der 2. Kompanie: Hauptmann von Gerlach
Chef der 3.Kompanie: Hauptmann Schneider
Chef der 4. Kompanie: Hauptmann Bielefeld
Pionier-Zug: Offizier-Stellvertreter Beck
Minenwerfer-Zug: Leutnant Steuer
Ersatz-Kompanie: Offizier Stellvertreter Mehlberg

Uniformen und Ausrüstung

Nach der Definition „Uniform" ist eine Uniform ein Bekleidungsstück „unius formae", wie der Lateiner es nennen würde, also „einer Form". Hinzu kommen Farbe, Rangabzeichen und sonstige Effekten, welche die Angehörigen desselben Korps tragen. Eine Uniform ist aber nicht nur ein bloßes Kleidungsstück, sondern das Ergebnis von Erfahrungen, Überlegungen, aber auch oftmals ideologischer und traditioneller Einflüsse, die zu wechselseitiger Betrachtung geführt haben. So wurden und werden Uniform und Träger geehrt oder verachtet. Entstanden sind Uniformen gegen Ende des 17. Jahrhunderts, oft aus den Trachten der Bevölkerung, bunt und nicht immer so farbenprächtig, wie wir sie von Illustrationen her kennen. Regen, Sonne und Einsatzstrapazen ruinierten sie, die nicht „echten" Farben verblichen, Fäden und Stickereien verschlissen.

Nach geraumer Zeit hatten die Bekleidungsstücke eine oft undefinierbare Farbe angenommen, das strahlende Weiß war schmutzig grau geworden. Die Engländer trugen diesen Erfahrungen als erste Rechnung, indem sie den weißen

Seesoldat in Tropenausrüstung (Tropenfarbe) und ein Obermatrose in Tropenlandungsanzug (weiß)

Bekleidungsstücken ihrer in Indien eingesetzten Regimenter mittels der Khaki-Beere eine Tropenfarbe gaben. Auch aus Tarnungsgründen wurde diese Tropenfarbe von den Deutschen für die Uniformen der in Übersee eingesetzten Soldaten übernommen. Als die Bekleidungsindustrie im 19. Jahrhundert technisch in der Lage war, sehr schnell große Uniformmengen herzustellen, erhöhte sich das Ausstattungssoll für die Soldaten. So war es üblich, dass ein Soldat mindestens drei Garnituren besaß, deren Verwendung durch Stempelungen mit römischen Zahlen auf der Innenseite gekennzeichnet wurde. So besagte die mit schwarzer Farbe gestempelte I, dass es sich um die erste Garnitur handelte. Je nach Abnutzungsgrad erhöhte sich die Stempelung durch Hinzufügen einer weiteren römischen I und regelte so, dass z. B. die II. Garnitur in der Kaserne, die III. zum Felddienst getragen werden musste.Damit war sichergestellt, dass der Soldat in der Öffentlichkeit und besonders bei Paraden, bei denen außerdem noch die in den Einheiten zentral gelagerten Ausrüstungsgegenstände, wie z. B. Haarbüsche, ausgegeben wurden, einen besonders guten Eindruck hinterließ.

Neben diesen Ziffern erhielt die Uniform noch etliche Stempelungen der Bekleidungsämter, die Herstellungsjahr, Größenangaben und Truppenbezeichnungen beinhalteten. War das Rockfutter von dunkler Farbe, wurden zur Kenzeichnung auch rote und weiße Farben benutzt oder sogar mit roter Seide oder Wolle gestickt. Gemäß preußischem Erlass vom 9. September 1916 sollten bei reparierten Bekleidungsstücken die römischen Ziffern durch besondere Buchstaben ersetzt werden. So bedeutete der Buchstabe f = feldbrauchbar, das Buchstabenpaar ga = besser garnisonbrauchbar und die Buchstaben gb = schlechter garnisonbrauchbar. Die zunächst verwendete grüne Farbe stellte sich als untauglich heraus und wurde durch die schwarze Farbe ersetzt. Am 26. Dezember 1916 wurde dann für die Dauer des Krieges ganz auf diese Stempelung verzichtet. Heute wiederum finden wir in der Uniform ein Etikett mit ähnlichen Angaben.

Marineinfanterist in Ausgehuniform (II. Seebataillon, Wilhelmshaven um 1914)

Offiziere und Beamte, Ärzte und Musiker im Offizierrang, Deckoffiziere sowie Einjährige in Friedenszeiten waren, wie man heute noch sagt, „Selbsteinkleider" und hatten somit Uniformen von besserer Qualität, die aber oftmals in Form und Farbe stark von der Vorschrift abwichen. Auch dieses ist heute noch zu beobachten, denken wir nur an den grauen Uniformrock unserer Heeresoffiziere der Bundeswehr. Belehrungen, die vorgeschriebenen Farbtöne einzuhalten, sind daher eine immer wiederkehrende Begleiterscheinung. Die Einjährig-Freiwilligen waren junge Leute im Alter von 17 bis 20 Jahren, welche die für den einjährigen Dienst erforderlichen Kenntnisse durch ein Reifezeugnis oder ein Zeugnis einer Realschule nachgewiesen hatten. Sie mussten sich verpflichten, sich selbst zu kleiden, auszurüsten und zu verpflegen.Die Bekleidung einschließlich des Extrarocks kostete bei der Infanterie etwa 200-250 Mark. Die zur Ausrüstung erforderlichen Stücke einschließlich der Reitzeugstücke wurden aus den Beständen des Truppenteils gegen Zahlung des durch die Etats festgesetzten jährlichen Ausrüstungsgeldes geliefert. Die Waffen wurden unter der Bedingung ausgegeben, sie aus eigenen Mitteln in einem brauchbaren Zustand zu erhalten und ebenso bei der Entlassung abzugeben. Die Einjährig-Freiwilligen wurden dann schon nach einjähriger aktiver Dienstzeit in Heer oder Marine in die Reserve beurlaubt. Je nach Waffengattung betrug diese zwei oder bei der Marine auch drei Jahre. Einjährig-Freiwillige wurden bereits nach sechs Monaten zum Gefreiten bzw. Obermatrosen befördert und bei Eignung als Reserveoffizieranwärter, sonst als Reserveunteroffizier der Land- oder Seewehr entlassen. Die Tropenausrüstung und Ausrüstungsgegenstände, die für Landexpeditionen benötigt wurden, stellte der Dienstherr.

Das deutsche Militär hatte sehr schnell auf die Erfahrungen der letzten Jahrzehnte reagiert und gegen den großen Widerstand von Kaiser Wilhelm II. und aus den eigenen Reihen, am 23. Januar 1905 damit begonnen, Truppenversuche mit einer feldgrauen Uniform beim Leib-Infanterie-Bataillon und je einem Bataillon des Grenadier-Regiments 3 und des Infanterieregiments 145 durchzuführen. Am 25. Februar 1907 begann die Ausgabe feldgrauer Uniformen in der preußischen Armee, der die anderen deutschen Staaten zügig folgten. Farbige Biesen und Vorstöße waren dann ein „Friedensangebot" für den Verlust des „Bunten Rocks", der das deutsche Militär so beliebt in der eigenen Bevölkerung gemacht hatte. Als der I. Weltkrieg ausbrach, war fast die gesamte deutsche Armee feldgrau gekleidet, mit Tarnüberzügen auf den Kopfbedeckungen, während die gegnerischen französischen Truppen mit roten Mützen, roten Hosen und himmelblauen Mänteln in den Krieg zogen. Die noch in den Bekleidungsämtern lagernden blauen Röcke wurden an die Ersatztruppenteile ausgegeben. Dass gegen Ende des I. und des II. Weltkrieges die Uniformen wegen der herrschenden Rohstoffknappheit unansehnlicher und von mangelhafter Qualität waren, erklärt sich von selbst. Die Seebataillone blieben von dieser Entwicklung nicht unbetroffen.

Seesoldat in feldgrauer Uniform mit Ersatztschako, bewaffnet mit dem Gewehr 98 und Seitengewehr

Des Großen Kurfürst Mariniers

Leider liegen keine genauen Kenntnisse über die Uniformierung der Mariniers vor und so beschränkt sich die Beschreibung auf eine Darstellung, die im Marine-Ehrenmal in Laboe zu sehen ist und einer im Februar 1938 erschienenen Beilage der Monatszeitschrift „Deutsche Infanterie". Danach trugen die Regimentsangehörigen einen hellblauen, weit geschnittenen Mantel, einen langschößigen, hellblauen Rock mit weißen Vorstößen und gelben Knöpfen, eine lange hellblaue Weste mit weißem Vorstoß und gelben Knöpfen. Die Kniehose war hellblau, die

Strümpfe waren von lichtblauer Farbe. Dazu trug man naturfarbene Schuhe. Auf dem Kopf saß ein schwarzer, runder Hut mit breiter Krempe, dessen linke Seite hochgeklappt und mit einer in den Landesfarben weiß-rot gehaltenen Bandkokarde befestigt war. Das Lederzeug war naturfarben.

Die Garde-Mariniers

Diese trugen dunkelblaue Jacken mit zwei Reihen gelber Knöpfe. Sie hatte einen dunkelblauen Kragen, auf jeder Seite jeweils zwei gelbe Litzen mit blauen Spiegeln. Bei den Unteroffizieren hatten die Jacken Hinterschöße, die ab 1835 auch für die Mannschaften eingeführt wurden, jedoch in abgewandelter Form zum Anhaken. Die brandenburgischen Aufschläge waren ponceaurot mit einer dunkelblauen Patte. Die Achselklappen waren ebenfalls von ponceauroter Farbe. Die Beinkleider waren dunkelblau und mit einer ponceauroten Biese versehen. Als Kopfbedeckung wurde ein Ledertschako mit gelbem Gardestern und Schuppenketten aus Messing getragen. Der Tschako war außerdem mit Fangschnüren versehen, wie sie Husaren und Ulanen später trugen, um den Verlust der Kopfbedeckung bei Kampfhandlungen zu verhindern.

Die Seebataillone/Marineinfanterie

Prinz Adalbert von Preußen erreichte nach Genehmigung durch den Preußischen König Friedrich Wilhelm IV., dass ab dem 1. Januar 1850 das Kriegsministerium eine neue Uniform für das Seebataillon einführte.

Der Rock

Der Rock entsprach dem des Heeres, dunkelblau, mit dunkelblauem Kragen, bei Offizieren mit einer goldenen Gardelitze verziert. Sämtliche Vorstöße waren weiß, bei den Offizieren auch die der brandenburgischen Aufschläge. Ab 1875 wurden nur noch weiße Kragen und Aufschläge getragen. Gemäß A. K. O. vom 29. Juni 1888 wurden für Offiziere goldene Stickereien auf den Ärmelpatten eingeführt, für Mannschaften waren diese auf dem Kragen und den Ärmeln von gelber Farbe.

Als Andenken an den Besuch des Prinzen Wilhelm von Preußen, dem späteren deutschen Kaiser Wilhelm II., am 3. Juni 1887 durften die damals anwesenden Offiziere auf den Achselstücken eine Kaiserkrone tragen. Diese

Seekadett, II. Seebataillon, Wilhelmshaven um 1914

Trageerlaubnis wurde dann allerdings für alle Offiziere genehmigt. Die Unteroffiziere trugen die glatten, goldenen Tressen der Infanterie.

Die Achselklappen aus weißem Tuch zeigten einen gelben unklaren Anker aus gelbem Tuch. 1878 wurden diese Auflagen dann durch zwei gekreuzte klare Anker mit aufgelegter Kaiserkrone ersetzt.

Bei Aufstellung des II. Seebataillons erhielten die Mannschaften gemäß A. K. O. vom 12. März 1889 zur Unterscheidung eine römische I bzw. II unterhalb der Anker, das III. Seebataillon entsprechend bei seiner Aufstellung eine römische III.

Bild oben: Schulterklappe der Seesoldaten, III. Seebataillon
Bild unten: Unteroffizier des Seebataillons

Die Epauletten der Offiziere waren zunächst identisch mit denen der Seeoffiziere, mit dem Unterschied, dass die Felder aus weißem Tuch und die Effekten nicht aus Silber sondern aus Gold bestanden. 1854 wurden die Epauletten der Heeresoffiziere mit goldenem Halbmond, aber weißen Feldern und Schiebern, die mit schwarz-weißer Tresse besetzt waren, übernommen. Im Feld wurde ein stehender, unklarer Anker geführt. Ab 1867 durften die Achselstücke der Seeoffiziere getragen werden, jedoch blieb die weiße Farbe der Infanterie. Ab dem 24. Februar 1874 erhielten die Achselstücke in den Passanten und Tressen die Reichsfarben.

Die Uniformknöpfe waren zunächst die mit dem preußischen Adler versehenen goldenen und silbernen Ankerknöpfe der Marine. Diese wurden ab 1875 durch Knöpfe ersetzt, die mit einer Kaiserkrone über dem unklaren Anker geprägt waren, 1878 wieder durch glatte Messingknöpfe ersetzt. Wie bei den Heereseinheiten üblich, bekamen die Mannschaften des Seebataillons Schulterknöpfe, die mit den entsprechenden Kompanienummern versehen waren.

Die Rangabzeichen

Ab 1871 wurden die Dienstgradbezeichnungen, die französischen Ursprungs waren, „eingedeutscht". So wurde zum Beispiel der Premierlieutenant fortan Oberleutnant genannt. Auch die Kennzeichnung der Rangabzeichen wurde seit der Reichsgründung zügig nach preußischem Muster durchgeführt, wobei Hessen und Württemberg bis 1872, Bayern bis 1873 und Braunschweig bis 1886 an ihren alten Kennzeichnungen festhielten. Der Seesoldat trug also wie der preußische Infanterist ab dem 29. Januar 1854 einen 2,5 cm großen Knopf am Kragen, der in Höhe des Schulterklappenknopfes angenäht war. Der Unteroffizier die 2 cm breite Tresse an Kragen und Ärmelaufschlag. Der Sergeant erhielt einen 2,9 cm großen Knopf am Kragen. Den Etatmäßigen Wachtmeister, volkstümlich Spieß genannt, erkannte man nicht nur an seinem berühmten Buch zwischen dem 2. und 3. Knopf des Rocks, sondern an der zweiten 1,6 cm breiten Tresse die 7 mm oberhalb der Ärmeltresse angebracht war.

Schulterklappe eines Hauptmanns des Seebataillons

Einjährig-Freiwillige trugen um die Schulterklappen eine schwarz-weiß-rote Schnur. Die sogenannten Kapitulanten trugen eine weiße Borte mit schwarzem Mittelstreifen, die um den unteren Rand der Achselklappen des Waffenrocks, der Tuchjacke und des Tuchmantels angebracht waren. Für die Offiziere waren ab 1866 Achselstücke eingeführt worden, die ab 1888 aus einer silbernen Plattschnur gefertigt waren, auf denen Sterne den Dienstgrad anzeigten. Der Leutnant trug keinen, der Oberleutnant einen, der Hauptmann zwei. Die Stabsoffiziere besaßen geflochtene Achselstücke, der Major keinen, der Oberstleutnant einen und der Oberst zwei Sterne. Die Generale hatten goldene geflochtene Achselstücke mit entsprechender Anzahl Sterne ihrem Dienstgrad gemäß. Auf die Sonderzeichen für Ärzte, Beamte und Ingenieure wird hier nicht weiter eingegangen.

Die Beinkleider

Die Beinkleider, also die Hosen, waren von blauer Farbe und mit einer weißen Biese versehen. Ab 1858 erlaubte man den Offizieren im Ausland das sogenannte Galabeinkleid anzulegen. Statt der weißen Hose durfte eine dunkelblaue Hose mit Goldstreifen getragen werden. Die A. K. O. vom 29. Juni 1888 beinhaltete dann die Trageerlaubnis auch im Inland, diese wurde jedoch zum Dienstanzug ausdrücklich untersagt. Eine neue weiße Hose aus Kottondrell wurde nach gleichem Schnitt gefertigt und gehörte zur neuen Ausrüstung.

Die Bordjacke, das Drillich und die Litewka

An Bord wurde eine hüftlange, dunkelblaue Drillichjacke getragen, mit stehendem Kragen und dunkelblauen Achselklappen, die einen Anker aus gelbem Tuch trugen, sowie Aufschläge und Patten, jedoch ohne weiße Vorstöße. Ab 1878 wurde eine über die Hüften reichende Tuchjacke eingeführt, die in Farbe und Schnitt dem Rock entsprach.

Sergeant Seebataillon im Mantel

Mannschaften, die nach Übersee kommandiert wurden, erhielten einen sogenannten Schiffsrock aus Serge, der einen niedrigen Stehkragen hatte, abgerundete Achselklappen mit gelbem unklaren Anker, ohne Aufschläge und Patten. Außerdem erhielten sie ein Arbeitshemd aus Bramtuch in der Form der Matrosenblusen und eine aus gleichem Material hergestellte Arbeitshose mit Schlitz, ein blau-weiß quer gestreiftes Woll- und Arbeitshemd und Schuhe und Stiefel aus Heeresbeständen. Die Offiziere durften an Bord, bei Landungsunternehmungen und im Ausland eine dunkelblaue Jacke mit acht kleinen Ankerknöpfen und eine blaue Hose mit weißen Biesen tragen. Mit A. K O. vom 15. November 1897 wurde die Bordjacke eingezogen und durch eine blaue Litewka ersetzt. Sie durfte von den Mannschaften anstatt des Arbeitsrockes bei Übungen an Land getragen werden. 1901 wurde die Farbe der Litewka in graugrün geändert, hatte dann Kragenpatten wie am Mantel und Achselklappen wie am Rock. Die Dienstgradabzeichen waren die der Heereseinheiten. Auch die Offiziere erhielten eine Litewka, dafür fiel die blaue Jacke fort, die bislang an Bord getragen wurde. Mit der aus grauem Tuch gefertigten Litewka M 95 erhielten sie ein Bekleidungsstück, das dem der bayerischen Offiziere entsprach.

Die Gesellschaftsuniform der Offiziere

Zu Gesellschaften trugen die Offiziere ab 1896 einen ähnlichen Messeanzug wie die Seeoffiziere.

Der Große Messeanzug bestand aus einer taillenlangen dunkelblauen Jacke mit einem mit Litzen besetzten Stehkragen, Ärmelaufschlägen wie am Waffenrock und weißen Vorstößen. Auf der rechten Jackenseite waren acht goldene Knöpfe angenäht, auf der linken acht weiß eingefasste Knopflöcher. Sie wurde aber nie zugeknöpft. Die Achselstücke hatten keine Passanten. Unter der Jacke wurde eine dunkelblaue, weit ausgeschnittene Weste mit Schalkragen und weißen Vorstößen getragen, die vorn mit vier goldenen Knöpfen geschlossen wurde. Zu besonderen

Anlässen wurde eine blaue Galahose mit breiten Goldstreifen angezogen. Dazu gehörte ein weißes Frackhemd mit Eckenstehkragen, ein schwarzer Querbinder (Fliege) und falls vorhanden, die Kleine Ordensschnalle.

Der Kleine Messeanzug war weiß. Seine ebenfalls kurze Jacke hatte einen Jackettkragen ohne Effekten, auf jeder Seite saßen vier goldene Knöpfe und sie hatte Achselstücke wie an der blauen Jacke. Die weiße Weste hatte keinen Kragen, sie wurde mit vier kleinen Knöpfen geschlossen. Dazu kam eine weiße Hose und wie bei den Seeoffizieren vorgeschrieben, weiße oder schwarze Schuhe. In den Tropen wurde ein weißer Tropenanzug mit Tropenhelm und Nackenschleier getragen. Im Schutzgebiet Kiautschou war eine zusätzliche braune Bekleidung üblich.

Der Paletot, der Überrock und Mantel

Die Offiziere besaßen wie die Seeoffiziere einen Mantel. Ab 1874 wurde jedoch ein dunkelgrauer Paletot eingeführt mit zwei Reihen von sechs goldenen Knöpfen vorn und je drei auf den geschweiften Taschenleisten und einen in der Mitte auf dem Taillengurt. Der Kragen war blau, hochgestellt, weiß mit blauem Vorstoß. Die Ärmel hatten einen Rollumschlag. Das Brustklappenfutter war weiß und außer Dienst blieben die beiden obersten Knöpfe offen. 1916 bekam der Paletot Achselstücke. Außerdem war es den Offizieren erlaubt, zunächst nur außer Dienst, einen dunkelblauen Überrock mit abgerundetem Kragen mit weißem Vorstoß, zu tragen. Ab 1875 wurde ein weißer Kragen eingeführt und die Ärmelaufschläge erhielten einen weißen Vorstoß, die Knöpfe waren von goldener Farbe in Heeresausführung.

Wache I. Seebataillon, Kiel

Die Mannschaften trugen einen schwarz-grau melierten Mantel in Kavallerieform. Dieser hatte vorne sechs gelbe Knöpfe, auf dem Rückengurt einen. Der Kragen hatte weiße Kragenpatten, der bei den Unteroffizieren mit einer, bei den Feldwebeln mit zwei schwarz-weiß-roten Borten am hinteren Rand besetzt war. 1888 wurden gelbe Litzen für den Waffenrock und die Mantelpatten eingeführt. Die Unteroffiziere erhielten Borten in der Art der preußischen Garde. Die Achselklappen, von dunkelblauer Farbe, hatten einen weißen Vorstoß, anfangs einen einzelnen, unklaren Anker, später die zwei gekreuzten, klaren Anker mit der Kaiserkrone und der Bataillonsnummer. Unteroffizieren und den sogenannten Einjährigen war es erlaubt, einen selbst beschafften grauen Mantel zu tragen.

Der Helm/Tschako

Der Helm der Linienartillerie stellte sich jedoch für den Dienst an Bord als völlig ungeeignet heraus. Auch die später etwas niedrige Form des Helms, der bis Februar 1862 ausgegeben wurde, erfüllte nicht die Erwartungen. Mit A.K.O. wurde

Bild links: Filztschako in der Ausführung 1862; Bild Mitte: Tschako ab 1875; Bild rechts: Kopfbedeckung eines Matrosen der königlich Preußischen Marine, 1852, ein Hut aus Filz, wurde von den Matrosen geteert oder mit schwarzer Farbe gestrichen, um ihn so gegen Nässe zu schützen.

ab dem 6. Februar 1862 ein leichter Filztschako mit blauem, ab 1883 schwarzem Tuchbezug, lackiertem Lederdeckel, ledernem Vorderschirm und Kinnriemen eingeführt. Vorne war der fliegende preußische Adler mit der Inschrift „Mit Gott für König und Vaterland“ angebracht.

Im Jahre 1874 bekam der Tschako der Offiziere vergoldete, flache Schuppenketten. 1875 wurde der preußische Adler durch den deutschen Reichsadler ersetzt, ebenso eine schwarz-weiß-rote Kokarde angelegt, die später durch ein gleichfarbiges National abgelöst wurde. Zum Schutz gegen Regen trugen die Seesoldaten über den Tschako einen Wachstuchüberzug, der mit einer Nackenklappe versehen war. Im Jahr 1883 erhielt das Bataillon Ledertschakos und für die Paraden wurden schwarze, für die Spielleute rote Haarbüsche ausgegeben. Der Tschako wurde an Land mit Schuppenketten aus Messing getragen, die an Bord durch einen Lederriemen ersetzt wurden.

Die Bord-/Dienstmütze

Die Mütze war dunkelblau, hatte aber in der Mitte einen weißen Vorstoß. Darunter befanden sich die beiden Buchstaben K. M. (Königliche Marine), die aus gelbem Stoff gefertigt waren. Bei den Offizieren waren die Buchstaben in Gold gestickt. Im Gegensatz zu der Offiziersmütze hatte die Mannschaftsmütze keinen Schirm.

An der Offiziermütze wurden die Buchstaben K. M. bereits im Jahre 1854 entfernt, bei der Kopfbedeckung der Mannschaften erst ab 1859 und jeweils durch die schwarz-weiße preußische Kokarde, 1874 durch die schwarz-weiß-rote deutsche Kokarde ersetzt. Gemäß der A.K.O. vom 10. September 1878 erhielt die Mütze einen weißen Besatzstreifen und um den Deckel eine weiße Biese. Auf dem weißen Besatzstreifen wurde vorne die schwarz-weiß-rote Kokarde angebracht. Ab dem 15. November 1897 wurde die Bordmütze abgeschafft und durch eine Dienstmütze ersetzt. Die Unteroffiziere und Mannschaften trugen nun auch eine Mütze mit schwarzem Lederschirm und einem schwarzem Kinnriemen, der seitlich an zwei kleinen goldfarbenen Ankerkronenknöpfen befestigt war.

Die Lederausrüstung

Das gesamte Lederzeug des Seebataillons war zunächst von schwarzer Farbe, es wurde dann aus naturfarbenem Leder gemäß der Anweisung des Reichs Marine Amtes vom 17. Mai 1913 gefertigt bzw. entsprechend eingefärbt.

Die Uniformen der Spielleute, Hoboisten und Musikmeister

Die Schwalbennester der Spielleute und Hoboisten waren dunkelblau mit weißen Borten, die Tressen der Hoboisten- und Bataillonstamboure waren dagegen in Gold. Die Tamboure hatten auch goldene Fransen an den Schwalbennestern. Stabshoboisten trugen an der Uniform als etatsmäßige Feldwebel Schwalbennester von der Art der Bataillonstamboure, sie erhielten jedoch mit A.K.O. vom 24. September 1889 wie die Feldwebel eine zweite Ärmeltresse. Ab dem 28. August 1899 wurde ihnen erlaubt, eine eigene Uniformen aus besserem Tuch anzulegen. Dazu wurden statt der Achselklappen Achselstücke aus weißer geflochtener Kantschnur aus Wolle getragen. Die Tuchunterlage war von weißer Farbe. Am 26. Mai 1909 erhielten die Stabshoboisten die Bezeichnung Musikmeister. Die Musikdirigenten und -direktoren hießen nun Obermusikmeister, führten aber

Spielleute der 2. Kompanie Ersatz Bataillon I. und II., 1918

auch die Bezeichnung Königlicher Musikdirektor und als besonderes Abzeichen eine doppelte goldene Rundschnur um das Geflecht. Auf den Achselstücken lagen zwei vergoldete gekreuzte Anker, darüber die Kaiserkrone, darunter die Bataillonsnummer.

Der Waffenrock entsprach in Schnitt und Form dem der Offiziere, mit weißen Vorstößen um die Ärmelpatten, welche die alten Feldwebeltressen aufhoben. Allerdings waren die zwei Litzen auf dem Kragen und die drei auf den Ärmelpatten goldgewebt und nicht gestickt. Die Achselstücke waren aus weißem Tuch hergestellt, seitlich und oben mit einer Art Epaulettentresse besetzt. Darauf saß die Kaiserkrone, unterhalb davon eine vergoldete Lyra. Obermusikmeister erhielten außerdem innerhalb der Tresseneinfassung eine 4 mm breite goldene Plattschnur. Die Schwalbennester waren aus weißem Tuch gefertigt, blau gefüttert, mit acht senkrechten, unten spitz zulaufenden Streifen und hatten als Abschluss unten eine 4 mm breite silberne Plattschnur.

Als Kopfbedeckung diente ein ganzlederner Tschako mit Offizierschuppenkette, zur Parade wurde dieser mit einem roten Haarbusch verziert. Im Jahr 1912 wurde bei den Spielleuten, Hoboisten und Musikmeistern aller Truppengattungen wieder das rote Schultergeflecht eingeführt, um die Achselstücke deutlicher von denen der Offiziere abzuheben. Die Musikmeister der Seebataillone behielten jedoch ihre Schulterstücke aus 5,5 cm breitem, weißem Tuch und den bekannten Effekten.

Bild links: Das vergoldete Schloss der Feldbinde der Seeoffiziere und der Offiziere des Seebataillons; Bild rechts: Das Koppelschloss der Mannschaften aus Messing mit der Kaiserkrone, umrahmt von GOTT MIT UNS

Die Schärpen und Feldbinden der Offiziere

Statt der Schärpe mit Quasten und statt der Feldbinde wurde zu allen Gelegenheiten, bei denen beim Heer Schärpe oder Feldbinde vorgeschrieben war, ab 1895 die „Marineschärpe“ getragen. Diese bestand aus gerippter Silbertresse, hatte seitlich zwei schwarz melierte und mittig einen roten Längsstreifen. Die Feldbinden und deren Schieber waren aus dem gleichen Material gefertigt. Auf dem vergoldeten Schloss befand sich ein klarer Anker mit dem kaiserlichen Namenszug W, umgeben von einem Lorbeerkranz. Mannschaften trugen ein Lederkoppel, dessen Koppelschloss zunächst aus Tombak, dann aus Messing gefertigt war. Darin befand sich ein vernickelter Kreis mit einer geprägten Kaiserkrone, umrahmt von dem Schriftzug „GOTT MIT UNS“.

Die Säbel und Seitenwaffen

Den sich an Bord als sehr hinderlich erwiesenen Füsiliersäbel der Infanterie, der zunächst üblich war, ersetzte man 1862 durch den Marineoffiziersäbel. Die Offiziere trugen ihn an einem schwarzen Unterschnallriemen mit Schleppriemen, die Feldwebel am schwarzledernen Überschnallkoppel. Die berittenen Offiziere trugen den Säbel ihrer alten Truppengattung. Das Portepee bestand aus einem mattsilbernen Quast mit Stengel und Schieber und einer silbernen Rundschnur, die rot und schwarz durchwirkt war.

Blankwaffen der Marineinfanterie (Säbel und Dolch)

Unteroffiziere und Mannschaften trugen die gleiche Ausrüstung wie die Infanterie, also auch deren

Seitengewehr und Troddel. Die Unteroffiziere besaßen eine weiße Troddel, Band, Schieber, Stengel und Kranz waren Schwarzrot durchwirkt. Der Quast, außen weiß, hatte eine schwarz-weiß-rote Füllung. Kennt man die Grundfarben des Militärs, die man sich schnell mit der Eselsbrücke „Wir rauchen gerne billig" merken kann, hat man relativ schnell die Unterscheidung der einzelnen Troddeln begriffen und kann die Kompaniezugehörigkeit des Soldaten richtig einordnen. Also:
Wir = weiß = 1. Kompanie,
rauchen = rot = 2. Kompanie,
gerne = gelb = 3. Kompanie,
billig = blau = 4. Kompanie.

Die Bewaffnung

Anfangs waren die Seesoldaten mit dem zur Perkussionszündung aptierten Steinschlossgewehr M 28 ausgerüstet. 1857 erhielten sie das Zündnadelgewehr M 41, ab Frühjahr 1862 dann das Füsiliergewehr M 60. 1875 wurde eine erneute Umrüstung durchgeführt, die Jägerbüchse M 71 kam in die Truppe, 1886 wurde diese aber durch das Infanteriegewehr M 71/84 ersetzt. Wie bereits erwähnt, erhielt das 1897 nach Tsingtau entsandte Marineinfanteriebataillon, Gewehre und Seitenwaffen M 88. Mit Einführung des moderneren Gewehrs M 98 in die deutsche Armee wurden vorrangig die Soldaten in China damit ausgerüstet. M steht jeweils für Modell und bezeichnet das Jahr der Einführung.

Die Reitausrüstung

Die Bekleidungsbestimmung vom 24. Februar 1874 sah für die Stabsoffiziere der Marineinfanterie eine dunkelblaue Paradeüberlegdecke vor. Sie hatte abgerundete Ecken und war mit Goldtressen besetzt. In den beiden hinteren Ecken war das mit der Kaiserkrone geschmückte „W" gestickt.

Die Interimsdecke war viereckig, aus dunkelblauem Tuch mit einer Goldtresse. Auf dieser wurden keine Effekten geführt. Das Zaumzeug war aus schwarzem Leder hergestellt und mit silbernen Beschlägen verziert.

Das Fahnenträgerabzeichen

Die feierliche Übergabe der Bataillonsfahnen begann am 19. März 1883 für das I. Seebataillon. Am 13. April 1889 erhielt das II. Seebataillon seine Fahne und am 19. Oktober 1898 das III. Seebataillon. Die als Fahnenträger ausgewählten Soldaten trugen ein besonderes Abzeichen. Dieses wurde nach den Vorschlägen des Reichs Marine Amtes gemäß der A. K. O. vom 15. Juni 1898 genehmigt. Diese legte fest:

Seewehrsoldat mit Gewehr 98

Effekten für Fahnenträger und Musiker der Marineinfanterie (Armabzeichen, Ringkragen, Schwalbennest, Säbeltroddel u. Schulterstück für den Musikdirektor)

„Sie erhalten nach den Mir vorgelegten Proben ein Abzeichen am Waffenrock sowie einen Ringkragen, der zu jedem Dienst mit Tschako anzulegen ist, und ein besonderes Seitengewehr mit Offizierportepee. Die Fahnenträger erscheinen auch, wenn die Fahnen nicht zum Dienst mitgeführt werden, ohne Gewehr und mit eingestecktem Seitengewehr“.

Das besondere Seitengewehr war das des Heeres mit dem Griff der Seeoffizier-Seitenwaffe. Im Marine-Verordnungsblatt Nr. 163 wurde dann festgelegt, wie dieses Abzeichen zu tragen war, nämlich am rechten Oberarm des Waffenrocks. Andere Abzeichen wurden unmittelbar darunter angenäht. Das Abzeichen zeigte auf einem Wappenschild aus dunkelblauen Tuch die Vorder- und Rückseite einer Fahne des Seebataillons, darüber die Kaiserkrone mit Bändern und die Buchstaben W. I. R.. Umrandet war dieses Abzeichen mit einem Taukranz in Gold.

Auch auf der Khaki- und der Corduniform wurde das Ärmelabzeichen unverändert getragen. Die Zeichnung des Ringkragens sah ähnlich aus. Auch sie zeigte zwei gekreuzte Fahnen, in deren oberen Teil eine Kaiserkrone, darunter die gleichen Buchstaben zu finden waren, wie auf dem Ärmelabzeichen. Das Metall des Ringkragens war vergoldet. Zur Ausrüstung gehörte außerdem ein Bandelier aus Saffianleder mit einem Schuh, der die Fahnenstange aufnahm. Das Reichs Marine Amt verfügte, dass das Bandelier mit weißen Tuchstreifen und gelbem Tressenbesatz zu versehen war.

Der Entlassungsanzug

1916 hatte sich die Erkenntnis durchgesetzt, dass der Erste Weltrieg doch nicht nur ein kurzer Waffengang war und noch lange nicht beendet werden würde. Daraus resultierend machte sich das preußische Kriegsministerium Gedanken darüber, wie nach einem Kriegsende in einigen Jahren und der daraus erfolgenden Demobilisierung das riesige Heer von zu entlassenden Soldaten bekleidet werden sollte. Viele Soldaten besaßen schon jetzt keine tragbare Zivilkleidung. Deshalb wies das Kriegsministerium im Frühjahr 1917 die Heeresverwaltungen an, sich auf eine entsprechende Versorgung einzustellen und Vorschläge zu unterbreiten.

Am 24. Juli 1917 teilte das preußische Kriegsministerium mit, dass die Reichsbekleidungsstelle angewiesen worden war, zunächst 500 000 Zivilanzüge aus abgetragenen Uniformteilen anzufertigen. Dafür wurden blaue und feldgraue Röcke und Hosen, außerdem 250 000 schwarze und graue Mäntel aus Heeresbeständen abgeliefert. Im Juli 1918 wurde dann von einer Mindestzahl von 750 000 Zivilanzügen ausgegangen und mit Erlass vom 28. August 1918 angeordnet. Um diese gewaltige Arbeit zu schaffen, erstellte die Reichsbekleidungsstelle einen Fertigungsplan, der unumgänglich geworden war, zumal nun außerdem die Herstellung von 20 000 Anzügen und 5 000 Mänteln aus neuen Stoffen als Soll hinzukam.

Jeder Entlassungsanzug hatte aus einem Rock, einer Weste und einer Hose zu bestehen und wurde mit Erlass vom 29. November 1918 zusätzlich mit einer Mütze als Kopfbedeckung ergänzt, die aus Stoffresten herzustellen war. Alle preußischen Erlasse wurden kurzfristig von den Königreichen Bayern und Sachsen übernommen.

Wappen des Seebataillons

Ab dem 4. April 1918 wurde bedürftigen Soldaten ihre Uniform belassen, wenn sie wegen ihrer Verwundung oder aus Altersgründen entlassen wurden. Der preußische Erlass vom 10. Dezember 1918 ordnete an, dass nunmehr alle Soldaten mit einem Entlassungsanzug auszustatten waren, bzw. ihre Uniform ohne Effekten weiterhin tragen durften. Ab dem 10. Dezember 1918 wurden dann zusätzlich ein Hemd, eine Halsbinde, Unterwäsche und Stiefel ausgegeben. Da während der Revolution nach Kriegsende viele Bekleidungsämter geplündert worden waren, wurde die Möglichkeit geschaffen, ersatzweise einen Geldbetrag zu beantragen. Um einen Missbrauch mit den Bekleidungsstücken zu verhindern, griff das Kriegsministerium auf die altbewährte Stempelung zurück. Sie erhielten die abgekürzte Bezeichnung der ausgebenden Bezirkskommandos und, wo geschehen, der Durchgangslager, z. B.:

B. K .A. IX = Bezirkskommando Altona des IX. Armeekorps oder D. L. A. I = Durchgangslager Arys des I. Armeekorps. Mit Erlass vom 26. Juni 1919 wurde die Herstellung von Entlassungsanzügen aus Uniformen eingestellt und es wurden nur noch zivile Bekleidungsstücke bereitgestellt.

Die Uniform der Feldgeistlichen

Ein Blick in die deutsche Militärgeschichte macht deutlich, dass das Militär stets ein besonders enges Verhältnis zur christlichen Kirche hatte. Allerdings waren die christlichen Kirchen gespalten und einander verfeindet. Nach dem 30-jährigen Krieg gingen die religiösen Streitigkeiten auf deutschem Gebiet weiter. Calvinisten, Lutheraner und Pietisten rangen um die kulturelle, religiöse und politische Vormachtstellung besonders in Brandenburg-Preußen. Die 1691 in Halle gegründete Universität wurde zum Mittelpunkt der Pietisten, die mit Unterstützung herausragender weltlicher Denker die führende Lehranstalt auf hohenzollerischem Gebiet wurden. Die wichtigsten Propagandisten pietistischer Werte innerhalb des preußischen Militärs wurden die Feldprediger.

1718 trennte Friedrich Wilhelm I. die Verwaltung der Militärgeistlichkeit von der orthodox kontrollierten Zivilkirche und ernannte Lampertus Gedike zu ihrem Leiter. Als erster Feldpropst nahm er uneingeschränkten Einfluss auf die Ernennung und Kontrolle der Militärgeistlichen, ließ diese in Halle studieren und kümmerte sich um die Ausbildung von Kadetten, Kriegswaisen und Kindern von Soldaten.

Die in beträchtlicher Anzahl in Halle studierenden Offiziere wurden hier zu einem Verhaltenskodex erzogen: Mäßigkeit, Selbstdisziplin, Gehorsam, Pflichtbewusstsein, die wir auch heute noch als typisch preußisch bezeichnen. Die Rolle der christlichen Kirchen in der Seelsorge der Soldaten ist bis heute unverändert geblieben. Vielfältige Bilder und Begebenheiten mit Militärgeistlichen, beispielsweise aus der Zeit Friedrich des Großen, geben Zeugnis über das Verhältnis von Militär und Kirche ab. Auf dem Koppelschloss deutscher Soldaten stand „GOTT MIT UNS“. Auch der „Große Zapfenstreich“, mit dem heute auch nicht sehr „militärfromme“ Herren geehrt werden, besitzt überwiegend Bezüge zum christlichen Glauben, wenn es heißt: „Helm ab zum Gebet“ oder wenn der Choral „Ich bete an die Macht der Liebe“ ertönt. So gehörten und gehören Militärgeistliche der beiden großen Konfessionen und auch heute wieder der Rabbiner unverzichtbar zum Personalbestand der Truppe und somit auch zu den Seesoldaten und ihren Nachfolgeorganisationen.

Der Feldgeistliche zur Zeit der Seebataillone bzw. der Marineinfanterie trug die 1913 eingeführte, jedoch selbst zu beschaffende Felduniform in Form des militärischen Überrocks mit violetten Vorstößen und mattgrauen Knöpfen. Zusätzlich wurde am linken Ärmel eine violette, mit 2,5 cm weißen Streifen und einem roten Kreuz versehene 10 cm breite Armbinde getragen. Dieser dem Amtsrock ähnelnde Überrock wurde von allen Geistlichen getragen. Nur an der Ausführung des Kreuzes bzw. des Davidsterns mit Gesetztafeln, die an einer längeren Halskette getragen wurden, war zu ersehen, welcher Konfession der Träger angehörte. Das evangelische Kreuz war bzw. ist glatt gearbeitet und mit dem Christogramm XP, heute Christusmonogramm XP oder Chi-Rho, versehen. Das katholische Kreuz war aus schwarzem Metall mit silbernem Rand gefertigt, man erkannte bzw. erkennt es an dem darauf aufgelegten Korpus.

Als Kopfbedeckung diente entweder ein großer feldgrauer Filzhut mit einem violetten Hutband, dessen rechte Hutkrempe wie bei den Schutztrupplern hochgeklappt wurde und einem Kreuz, das zwischen den beiden Kokarden, oben die Reichs-, unten die jeweilige Landeskokarde, angebracht war. Oder es wurde eine feldgraue Mütze mit violettem Vorstoß, violettem Hutband und ab 1915/1916 mit einem schwarzen Sturmriemen und einem schwarzen Schirm aus Vulkanfieber aufgesetzt.

Feldgeistlicher in der Felduniform M 1913. Er trägt den feldgrauen Filzhut mit violettem Hutband vorschriftsmäßig rechts hochgeklappt. Das umgehängte Kreuz zeichnet ihn als evangelischen Feldgeistlichen aus. Am linken Arm trägt er die 10 cm breite violette Armbinde mit dem roten Kreuz.

Der Feldgeistliche der Deutschen Wehrmacht trug traditionsgemäß das Kreuz an der Kopfbedeckung, die Armbinde und das Kreuz an einer Kette umgehängt. Die Heeresgeistlichen trugen Kragenspiegel in der gleichen Art wie die Offiziere, sie hatten jedoch keinen blaugrünen sondern einen dunkelvioletten Untergrund. Die Drahtstickerei auf diesen war silberfarbig mit einem roten Faden. Der lange Überrock war einreihig geschnitten und mit einer violetten Paspelierung versehen. Die Hose hatte eine violette Biese. Der Mantel hatte den normalen Offizierschnitt, jedoch war der Kragen nicht dunkelgrün abgesetzt. Alle Knöpfe und das Hoheitsabzeichen waren silberfarbig. An der Uniform der Feldbischöfe waren alle Knöpfe und das Hoheitsabzeichen goldfarbig. Während des Gottesdienstes zogen die Geistlichen die Übergewänder ihrer Konfession an. Neben den normalen Hosen mit Halbschuhen konnten auch Reithosen und lange Schaftstiefel angezogen werden. Kreuz und violette Farbe finden wir auch heute noch auf den Aufschiebschlaufen der Militärgeistlichen der Bundeswehr.

III. Seebataillon, Cuxhaven und Kiautschou um 1900

Uniform der Seesoldaten Stammbataillon Cuxhaven

Seesoldat in Kiautschou

MG-Schütze und Pionier in Kiautschou

III. Seebataillon, Marine-Feldbatterie Kiautschou um 1900

Offizier mit Paradedecke

Feldwebel, Feldausrüstung

Seesoldat der 5. Kompanie, ausgerüstet mit dem besonderen Patronengurt

Sanität- und Festungsbauwesen beim III. Bataillon um 1900

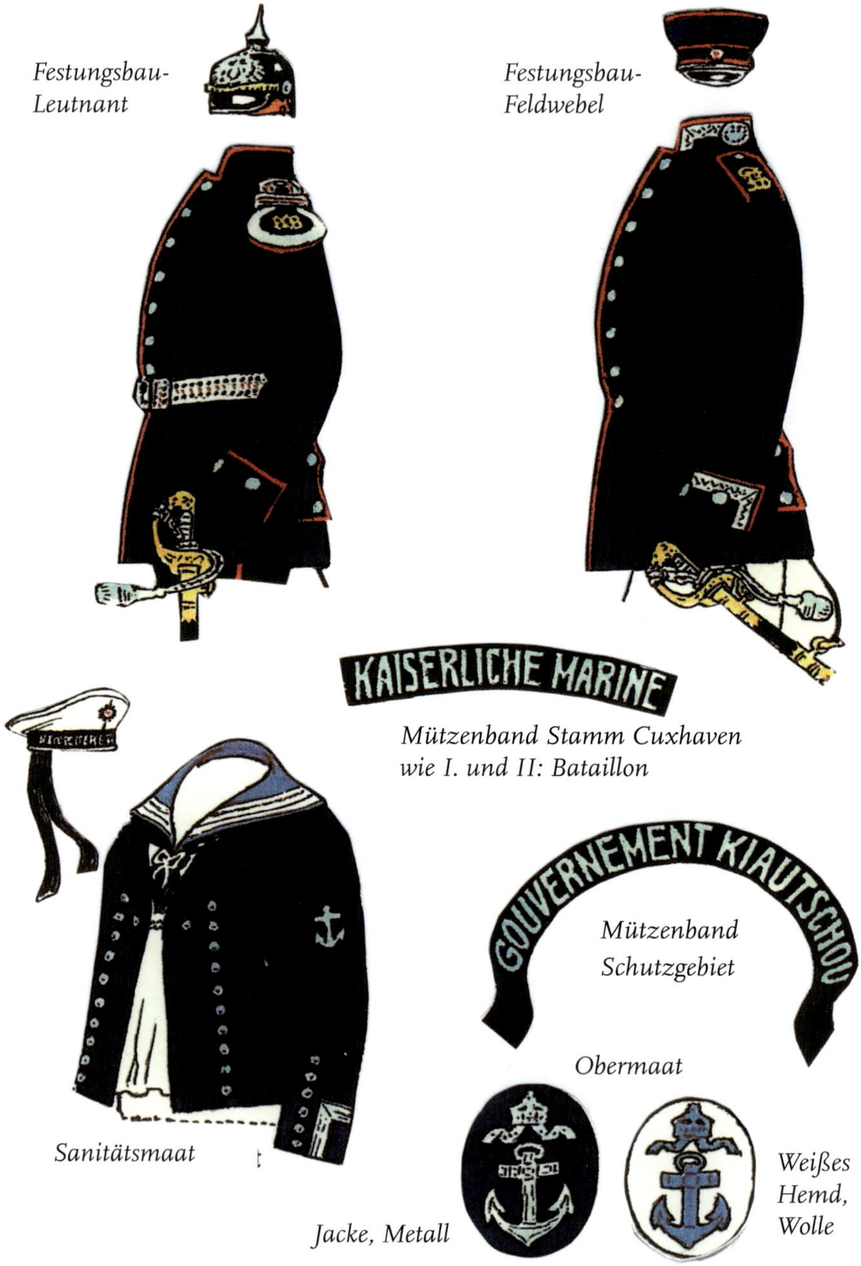

Festungsbau-Leutnant

Festungsbau-Feldwebel

Mützenband Stamm Cuxhaven wie I. und II: Bataillon

Mützenband Schutzgebiet

Sanitätsmaat

Obermaat

Jacke, Metall

Weißes Hemd, Wolle

Offiziere der Marine um 1900

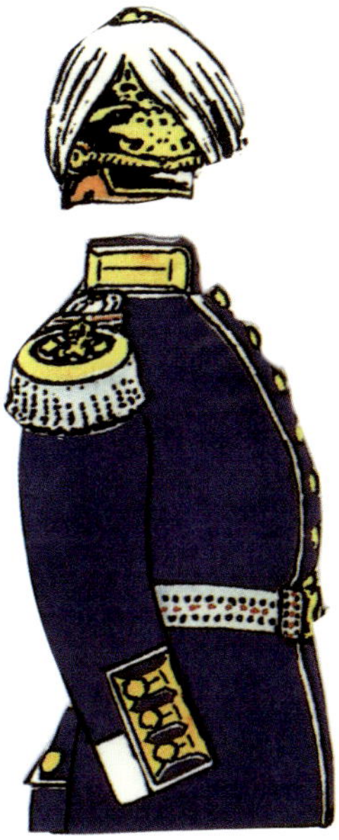

General a la suite

Inspekteur Helm mit Gardeadler

Stabsoffizier

Litewka

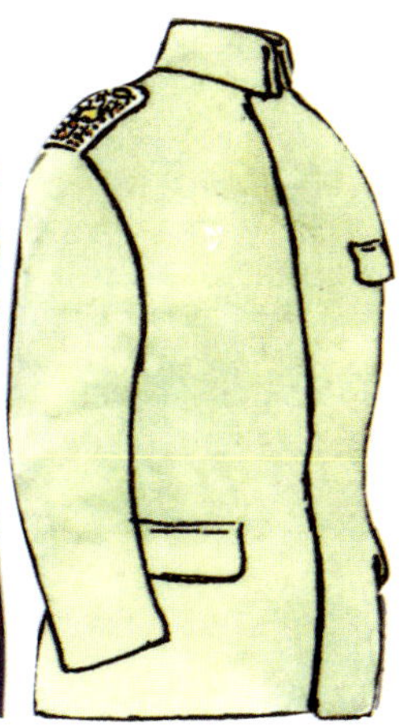

Litewka M 95

Paletot ab 1916 Achselstücke

Adjutant

Unteroffiziere und Mannschaften, I. und II. Seebataillon um 1900

Tropenuniform der Marineinfanterie um 1900

Weißer Rock und Braundrelluniform für Offiziere

Braundrelluniform für Mannschaften

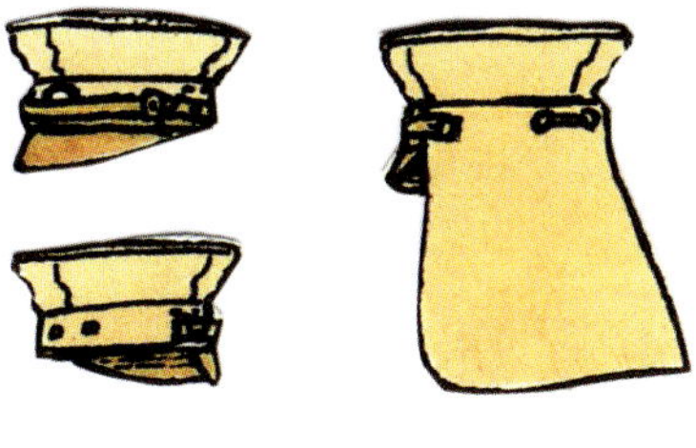

Hinten war der Schoß geteilt, im allgemeinen 10 cm bei den Berittenen 13 cm hoch. Die Marine-Feld-Batterie hatte statt Seitenhaken Trageknöpfe

Feldgraue Uniformen der Marineartillerie

Feldgrauer Dienstanzug

Korvettenkapitän

Waffenmeister

Hauptfeldwebel im Feldanzug

Matrose im feldgrauen Exerzieranzug, Schiffsstammabteilung der Nordsee

Die Ausrüstung des III. Seebataillons

Das III. Seebataillon, wie auch die Marinefeldbatterie, trug nur in der kalten Jahreszeit die blaue Uniform mit naturfarbenem Lederzeug, sonst die besondere Tropenuniform. Die Stammbatterie trug die Uniform des III. Stamm-Seebataillons. Um sich in China nicht zu deutlich vom Gelände abzuheben, wurde mit A. K. O. vom 13. Juni 1898 eine besondere Tropenuniform aus Khakidrell und ein Tropenhelm aus Gummistoff eingeführt. Die A. K. O. vom 25. Juni 1900 befahl diese auch für die Marinefeldbatterie und für die 5. (berittene) Kompanie bei ihrer Aufstellung. Die Offiziere trugen bis zum 29. Oktober 1900 weiterhin den weißen Tropenanzug, erst danach wurde ihre Uniform in Khakistoff hergestellt. Befohlen wurde mit A. K .O. am 9. Dezember 1905, dass die Offiziere wie die Mannschaften, Rock, Hose, Mütze aus Braundrell und einen braunen Tropenhelm zu tragen hatten, dazu Stiefel, Schuhe und Gamaschen aus naturfarbenen Leder.

Der ungefütterte Zweitaschenrock reichte bis über das Gesäß und hatte einen 10 cm langen Schlitz. Der Kragen hatte keine Litzen, er wurde mit sechs glatten, sogenannten „Britanniaknöpfen" geschlossen. Die Hose entsprach dem Schnitt der Arbeitshose mit Schlitz und weißmetallenen Knöpfen. Die berittenen Soldaten erhielten eine Reithose üblichen Stils mit Reitbesatz, Seitentaschen, Bundfutter und Schnallgurten. Sämtliche Metallteile waren vernickelt. Am 9. Februar 1911 wurde die Reithose durch eine Hose aus Khaki-Cord, dem bekannten Reitcord ersetzt, der einen Reitbesatz überflüssig machte und der sich bereits bei der Schutztruppe in Deutsch-Südwest bewährt hatte.

Der Tropenhelm

Ab 1898 wurde ein Tropenhelm mit Vorder- und Hinterschirm aus weißem Gummistoff und braunledernem Sturmriemen mit Zugschnallen getragen. An der Stirnseite waren ein kleiner Adler aus Neusilber und eine schwarz-weiß-rote

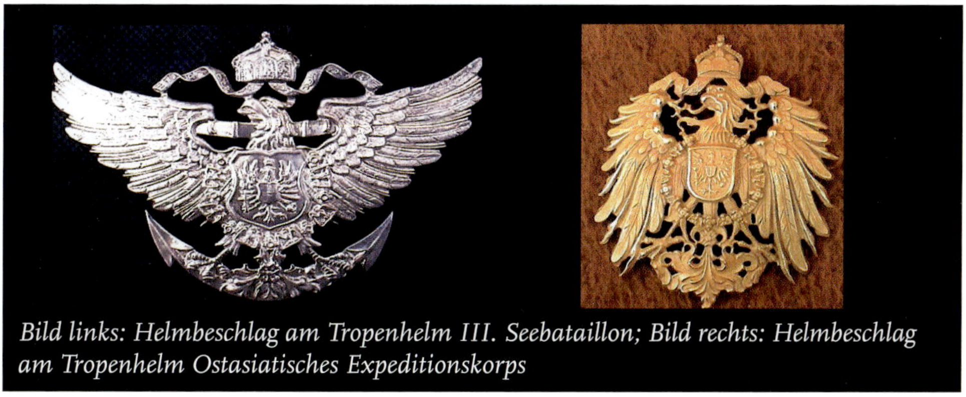

Bild links: Helmbeschlag am Tropenhelm III. Seebataillon; Bild rechts: Helmbeschlag am Tropenhelm Ostasiatisches Expeditionskorps

Offiziere und Mannschaften des I. Seebataillons, 1900

Das Offizierkorps des II. Seebataillons, 1900

Kokarde aus Blech angebracht. Der 1900 bereitgestellte Tropenhelm entsprach dem Modell M 95, war aber nicht mehr weiß, sondern mit Khakidrell überzogen. Der anfangs noch getragene Mützenschleier wurde später an der Mütze befestigt. Mit A. K O. wurde dann der neusilberne Adler durch einen bronzefarbenen ersetzt. Im Frühjahr 1903 wurde der Tropenhelm M 02 eingeführt, nun mit vier- statt sechsteiligem Bezug, der am 22. Juli 1903 durch eine Ausführung mit aufklappbarem Nackenschutz ergänzt wurde. Bereits am 29. Mai 1905 folgte ein neues Modell, kleiner in der Form, in weißer und brauner Farbe. Die Offiziere trugen dazu eine doppelte Goldschnur um den Helmkopf, darauf die deutsche Kokarde.

Die Braundrellschirmmütze

Das III. Seebataillon erhielt durch die Verfügung vom 24. Oktober 1900 eine Braundrellmütze mit Nackenschleier. Diese hatte einen schwarzen Lederschirm und Sturmriemen und an der Stirnseite eine aus Papierpressstoff hergestellte Kokarde in Reichsfarben. Der Nackenschleier wurde an den Sturmriemenknöpfen befestigt und mit einem Bändchen durch zwei Ösen am hinteren Mützengestell gesichert.

Die Fußbekleidung

Ausgestattet waren die Angehörigen des III. Seebataillons mit den üblichen Schnürschuhen und Schaftstiefeln aus geschwärztem Leder, das sich bald als unzweckmäßig herausstellte, weil bei diesem Schuhzeug die Fleischseite des Leders außen lag. Dies wurde geändert und so war fortan die Fußbekleidung naturfarben. Am 17. Mai 1913 befahl das Reichs Marine Amt, diese braun zu färben. Zu den Reitstiefeln wurden gemäß A. K. O. vom 25. Juni 1905 Schnürschuhe mit Sporenhaltern und zunächst Braundrellgamaschen ausgegeben, die dann durch Segeltuchgamaschen ersetzt wurden. Die Unteroffiziere trugen von Anfang an Ledergamaschen, die mit zwei Riemen mittels einer Schnallvorrichtung befestigt wurden. Die Offiziere trugen das gleiche Schuhwerk. Ihre Gamaschen hatten aber, abweichend von denen der Mannschaften, einen Schnallriemen am oberen Ende und einen mit zwei Messingschnallen versehenen Umlaufriemen. Alle Berittenen trugen ab 17. Mai 1917 Reitstiefel nach Art der Kavalleriestiefel, jedoch mit Anschnallsporen, anstatt der üblichen Anschlagsporen.

Tätigkeitsabzeichen

Spezialisten hatten besondere Tätigkeitsabzeichen. Die Soldaten der Marinepionierkompanie waren mit den Abzeichen einer 7. Kompanie versehen. Unteroffiziere und Mannschaften trugen auf dem linken Oberarm als besonderes

Sturmtruppen an Bord SMS BAYERN, 1915

Abzeichen ein ovales Schild, darauf gekreuzte Hacke und Spaten. Die Soldaten der Marinetelegraphenzüge trugen auf den Schulterknöpfen ein „T" und auf dem linken Unterärmel ein gelbes wollenes Abzeichen mit zwei gekreuzten Blitzen.

Das Sanitätspersonal, die Zahlmeister und Waffenmeister trugen die allgemeine Marineuniform mit silbernen Knöpfen und silberne Effekten, der Waffenmeister hatte auf der Schulterklappe zwischen Knopf und Dienstgrad (Stern) zwei gekreuzte Gewehre. Die Festungsbau-Offiziere und -Feldwebel trugen Uniformen wie in Preußen mit dem Reichsadler am Helm, beim III. Seebataillon deren Uniform, jedoch mit den eigenen Achselstücken bzw. Achselklappen. Die Ingenieuroffiziere beim III. Seebataillon trugen die Uniform der dortigen Offiziere.

Vom 28. September 1916 beginnend, wurde die Marineinfanterie mit dem neuen Stahlhelm ausgerüstet. Ihr wurde außerdem am 5. November 1916 befohlen, alle Bekleidungs- und Ausrüstungsgegenstände aus Leder schwarz zu färben. Mit A. K. O. vom 18. Juli 1917 entfielen alle noch in den Ersatzbataillonen von Offizieren getragenen Epauletten und Epaulettenhalter (Passanten). Am 11. August 1917 folgte die letzte aus graugrünem Tuch gefertigte Uniformänderung.

Matrosen der Landungsunternehmen

Die zu Landungsunternehmen befohlenen Matrosen trugen bei Ihrem Einsatz das weiße Arbeitspäckchen mit dem blauen Exerzierkragen, in überseeischen Ländern einen Tropenhelm oder den Strohhut, sonst die blaue Tellermütze. Die Offiziere hatten ihren weißen Tropenanzug. Als Fußbekleidung trugen die Offiziere Stiefel und Ledergamaschen, die Mannschaften Stiefel und aus wasserdichtem Segeltuch hergestellte Gamaschen. Diese waren ungefähr 30 cm hoch, jeweils drei Messingschnallen und Lederriemen sorgten für einen festen Sitz.

Bald zeigten die Erfahrungen, dass die Uniformen wenig Tarnschutz boten und deshalb wurden Uniformen aus Khaki bereitgestellt. Zur persönlichen Ausrüstung gehörten bei dem Matrosen ein Rucksack, ein Brotbeutel und die Feldflasche, in der für alle deutschen Soldaten schon damals typischen Ausführung aus Aluminium. Diese war mit braunem Filz bezogen und konnte je nach Getränk den Dreiviertel-Liter Inhalt heiß oder kalt halten. Mit einem Riemen konnte die Feldflasche an einer braunen wasserdichten Vorratstasche befestigt werden.

Die Handwaffe, das Perkussionsgewehr M/39, wurde 1854 durch das modernere Zündnadelgewehr ersetzt. Dann folgte das Füsiliergewehr M/60 und die Jägerbüchse M/71, später das Gewehr M 71/84. Mit Beginn des Ersten Weltkrieges erhielten alle Offiziere und Feldwebel, außer den schon gebräuchlichen

Matrose der Kaiserlichen Marine mit Rucksack und Brotbeutel

Marinesäbeln, die Pistole 04, während die Unteroffiziere und Mannschaften mit dem Gewehr 98 k und vier Patronentaschen mit insgesamt 60 Patronen, sowie dem Seitengewehr 98/05 ausgerüstet waren. Jedoch ist zu beachten, dass wie bei der Uniformierung auch die Bewaffnung nicht einheitlich war. So gehörten ältere Waffen und Beutewaffen zum allgemeinen Erscheinungsbild der Matrosen und Seesoldaten.

Die Chinesenkompanie Litzun

Mit Verfügung vom 1. Januar 1900 wurden die von Hauptmann a. D. von Falkenhayn, der früher in chinesischen Diensten gewesen war, geworbene chinesische Versuchskompanie, sowie 10 Unteroffiziere und 14 Mann des III. Seebataillon unter das Kommando von Oberleutnant Schoeler gestellt. Diese Versuchskompanie hatte eine Etatstärke von 120 Fußsoldaten und 20 Reitern. Als Standort wurde Litzun befohlen. Er gab dieser Kompanie auch ihren Namen.

Chinesenkompanie um 1901 in Litzun

Aufgrund der mit dieser Kompanie gemachten schlechten Erfahrungen wurde sie im November 1900 auf 56 Fußsoldaten und 12 Reiter reduziert. Im Frühjahr 1901 wurde die Hälfte in den Polizeidienst (Gendarms) überführt, der Rest versah in den verschiedenen Lagern Wach- und Arbeitsdienst. Die Reiter wurden der berittenen 5. Kompanie zugewiesen. Der Versuch, chinesische Soldaten in der deutschen Kolonie zu rekrutieren, war gescheitert.

Die Uniformen der Chinesenkompanie

Als Kopfbedeckung wurde von den chinesischen Soldaten eine Schirmmütze mit herunterklappbaren Seiten aus dunkelblauem Stoff getragen. Jacke und Hose waren aus einem grünlich grauen Stoff gefertigt. Die Jacke hatte einen Stehkragen und wurde vorn mit sieben gleichfarbenen Verschnürungen geschlossen, sie hatte keine Knöpfe. Dazu wurden dunkelblaue Wickelgamaschen und braune Schuhe ausgegeben Das Lederzeug war schwarz.

Teilweise waren die Soldaten ab 1910 aber auch mit einer Khakimütze mit deutscher Kokarde und einem Khakirock mit zwei Brusttaschen und sechs Knöpfen eingekleidet. Sie hatte blaue Schulterklappen mit der Auflage III. Seebataillon. Dazu wurde ein Koppel mit blankem Schloss getragen. Die lange Hose bestand aus Khaki. Die Soldaten trugen kein europäisches Schuhwerk sondern waren mit sogenannten Chinesenschuhen ausgerüstet. Bewaffnet waren sie mit dem Gewehr Modell 88, dem entsprechendem Seitengewehr und den Patronentaschen Modell 95.

Die Uniform der Gendarmen

Der Rock war aus grauem Tuch mit einem Stehkragen. Der Rock wurde mit sechs Knöpfen geschlossen. Diese waren ebenso wie die Dienstgradabzeichen, die am Unterarm getragen wurden, von gelber Farbe. Das Koppel war aus braunem Leder mit einer Messingschnalle. Die Hose war aus blauem Tuch mit schwarzem Lederbesatz auf der Innenseite. Dazu wurden schwarzblaue Wickelgamaschen und landesübliche braune „Chinesenschuhe“ getragen, aber auch hohe Stiefel. Das Lederzeug war braun.

In der kalten Jahreszeit wurde ein grauer Wollmantel mit einem Umlegekragen angezogen, der mit sechs Knöpfen zugeknöpft wurde. Als Kopfbedeckung trug der berittene Polizist einen dunkelblauen wollenen Turban. Die Sommeruniform bestand wiederum aus dem dunkelblauen Turban, einer leichten Khakijacke mit sieben gleichfarbenen Verschnürungen ohne Knöpfe. Dazu kam ein braunes Koppel mit Messingschloss. Die Hose war dunkelgrau, dazu trug der Gendarm schwarzblaue Wickelgamaschen und braune Chinesenschuhe.

Gendarm der Chinesenkompanie in feldmäßiger Ausrüstung

Im Sommer trug der berittene Gendarm als Kopfbedeckung einen rot-weiß-schwarzen Strohhut, eine Khakijacke mit sieben gleichfarbenen Verschnürungen, die keine Knöpfe hatte und blaue Rangabzeichen auf dem Unterarm. Um die Taille schnallte er ein braunes Lederkoppel mit Messingschnalle. Die

Hose war ebenfalls aus Khaki und hatte innen einen hellbraunen Lederbesatz. Dazu wurden wieder schwarzblaue Wickelgamaschen und Chinesenschuhe getragen. Es wurden aber auch hohe Stiefel angezogen.

Die Uniform des Skutari-Detachements

Die 1913 nach Albanien verlegten Soldaten des I. und II. Seebataillons trugen die Uniform der Marineinfanterie mit der Nummer des Stammtruppenteils auf den Schulterklappen. Zum Dienst war die graue Litewka befohlen, im Sommer wurde Braundrell nach Art der Tropenuniform des III. Seebataillons angezogen. Als Kopfbedeckung diente eine Schirmmütze aus Braundrell, welche die unbrauchbare schirmlose Mütze ersetzte, sowie ein mit Braundrell bezogener Tropenhelm. Die Unteroffiziere trugen als besondere Kennzeichnung schwarz-weiß-rote Auszeichnungsborten am vorderen und unteren Kragenrand. Sanitäts- und Schreibermaate behielten ihre Marineuniform und trugen das Mützenband SMS BRESLAU. Die Offiziere trugen weiterhin ihre weißen Tropenuniformen. Als das Detachement am 4. August 1914 von Skutari nach Serbien verlegt wurde und dort als 5. Kompanie des österreichischen Skutari-Bataillons kämpfte, hatte es eine mit Teilen der k.u.k.-Armee ergänzte Uniform erhalten, um sich nicht zu sehr von den österreichischen Soldaten abzuheben.

Die Mannschaften trugen nun die feldgraue Litewka der Marineinfanterie ohne Schulterklappen, österreichische hechtgraue lange Hosen, die hechtgraue österreichische Mannschaftskappe mit schwarz-weiß-rotem Bandabzeichen rechts sowie deutscher Reichskokarde zwischen den beiden vorderen Knöpfen, Schnürschuhe, deutsche Koppel mit deutschen Koppelschlössern, Portepees und Kompanietroddeln. Die Bewaffnung, Gewehre und entsprechende Seitenwaffen, wurden aus logistischen Gründen aus österreichischen Beständen geliefert.

Die Offiziere trugen die österreichische gesteifte hechtgrau Offizierkappe mit Reichskokarde zwischen den Knöpfen, das Bandabzeichen links. Auf der feldgrauen Litewka wurden keine Achselstücke, sondern Kragenpatten aus weißem Tuch getragen, österreichische Rangabzeichen, hinter den Sternen wurden jedoch die von den Achselstücken entfernten vergoldeten Kaiserkronen angebracht.

Das Marinekorps Flandern

In den ersten Kriegsmonaten trugen die Marine-Infanterie-Regimenter, wie sie nun hießen, noch die Friedensuniformen der Seebataillone. Der Tschako bekam einen schilfgrünen Überzug mit einer aufgenähten dunkelblauen oder schwarzen

Matrose des Marinekorps Flandern 1914 – 1918

Regimentsnummer aus Tuch. In der Übergangszeit wurden, auch von der Matrosen-Artillerie, alle denkbaren Uniformteile alter und neuerer Ausrüstung kombiniert. Später folgte dann eine feldgraue Matrosenuniform ohne Exerzierkragen mit blauer oder feldgrauer Matrosenmütze mit den gewohnten schwarzen Mützenbändern mit der üblichen Beschriftung.

Infolge des ungeheuren Bedarfs an Uniformen konnte die Feldausrüstung nicht zügig erfolgen. Über die blaue Matrosenuniform wurde feldgrau gefärbtes Arbeitszeug gezogen, der blaue Überzieher durch einen langen, fast schwarzen Mantel ersetzt. Schrittweise wurde dann auch an die Fronttruppen die Felduniform M 10 ausgegeben, mit weißen Vorstößen an Kragen, Aufschlägen, Achselklappen und dem Rockvorderteil. Auf dem Stehkragen und den Aufschlagpatten befanden sich gelbe Gardelitzen. Die Achselbeschriftung wurde in gelber Farbe gehalten. Die Offiziere trugen weiße Kragenpatten mit goldenen Doppellitzen sowie goldene Litzen auf den Aufschlagpatten. Erst mit A. K. O. vom 10. Juni 1916 begann langsam eine einheitliche Bekleidung bei der Marineinfanterie. Die Rangabzeichen blieben bei den Seebataillonen unverändert. Es änderten sich allerdings die goldenen Kragentressen, die durch mattsilberne ersetzt wurden.

Um die Tuchbekleidung bei schweren Arbeiten zu schonen, waren bereits in Friedenszeiten Drillichanzüge ausgegeben worden. Diese waren aus rohgrauen Leinen hergestellt, der jedoch durch das

Seesoldat des 1. Matrosenregiments in feldgrauer Uniform mit Tschakoüberzug und mit dem Gewehr 98

häufige Waschen immer heller und schließlich weiß wurde. Eine sinnvolle Verwendung besonders im Frontbereich war daher nicht gegeben. Ab August 1915 begannen deshalb die Bekleidungsämter, die Anzüge feldgrau einzufärben und außerdem die bevorrateten Sommeranzüge auszugeben, da bei der Lieferung von Leinen ein erheblicher Engpass entstanden war. Selbst Zeltstoff wurde nun zur Herstellung verwendet, der sich aber auch nicht bewährte. Auch dieser Stoff blich schnell aus und bot außerdem einen schlechten Tragekomfort. Als ab Januar 1916 wieder genügend Leinen verfügbar war, wurden diese wieder aus nun gleich feldgrau eingefärbten Leinenstoff hergestellt und an die Truppe ausgegeben.

Die Mütze

Sie war aus grauem Grundtuch gefertigt, der Besatzstreifen und der Vorstoß am Deckel waren weiß. Bei der Schirmmütze waren auch der Lederschirm, der Sturmriemen und die Schnalle feldgrau. Ab 1916 wurde das weiße Besatztuch zunächst mit einem feldgrauen Tuchband abgedeckt, bis dann später die feldgraue Mütze mit feldgrauer Biese ausgegeben wurde.

Bild links: feldgraue Mütze mit weißem Besatzstreifen. Sie wurde noch bis 1915 von den Seesoldaten im Marinekorps Flandern getragen; Bild Mitte: Feldgraue Matrosenmütze des Marinekorps Flandern, 1. Kompanie der Werft-Division im 1. Matrosenregiment beim IV. und VIII. Seebataillon eingesetzt; Bild rechts: Feldgraue Mütze des 4. Matrosenregiments in Flandern

Der Rock

Aus feldgrauem Tuch hergestellt, hatte der Rock vorn an den Taschenleisten, am mit Litzen verzierten liegenden Kragen und den Ärmelaufschlägen, weiße Vorstöße. Die Ärmelpatten waren grau noch mit Litzen, die Schulterklappen mit den alten Effekten auf weißem Tuch. Die Knöpfe waren tombakfarben mit erhabener Kaiserkrone.

Die Hose

Auch sie war von grauer Farbe, hatte jedoch keine weißen Biesen mehr.

Die Bluse

Anfang 1917 wurde eine neue Uniform, M 15, eingeführt. Der Rock wies keine Unterschiede mehr zu dem Rock der anderen Waffengattungen auf. Die Uniform war einschließlich Kragen aus grauem Tuch gefertigt. Alle Metallteile wie Knöpfe und Rückenhaken wurden aus Tombak gefertigt. Die Kragenlitzen waren grau in Doppellitzenform, die Spiegel weiß mit gelben Streifen. Die feldgrauen Schulterklappen hatten Abzeichen, wie sie am Rock vorhanden waren.

Der Mantel

Auch der Mantel war aus grau melierten, fast schwarzem Tuch hergestellt, mit weißen Vorstößen und den üblichen Effekten in Tombak. Er war nach der Art der Kavalleriemäntel geschnitten und hatte als Besonderheit eine Kapuze aus blauer Futterleinwand im Überfallkragen. Jedoch trugen die ausrückenden Reservebataillone noch ihre blauen Friedensmäntel. Die Generale trugen ein rotes Brustklappenfutter, Offiziere als Chefs der Marineinfanterie dieses in Weiß.

Der Offizierrock

Der Waffenrock der Offiziere hatte weiße Vorstöße vorn, um den Kragen herum und weiße Ärmelaufschläge, die Knöpfe waren aus Tombak gefertigt. Die Schulterstücke waren aus mattgrauem Stoff gefertigt.

Fingerhandschuhe

Allgemein wurden Fingerhandschuhe getragen. Jeder Unteroffizier besaß ein Paar aus weißer Wolle gestrickte und ein Paar weiße, aus Zwirn gewebte. Berittene Unteroffiziere durften für den Dienst zu Pferde Lederhandschuhe tragen. Mannschaften erhielten graue Handschuhe aus Baumwolle, Zwirn und Schafwollfutter gewirkte Handschuhe mit angenähtem Pulswärmer. Zur Ausgehuniform durften weiße Handschuhe getragen werden.

Die feldgraue Marinebekleidung der Reichsmarine

Gemäß MVBl Nr. 10 vom 15. April 1921 wurden auch die neuen Bestimmungen über die feldgraue Marineuniform erlassen, die von der Küstenwehr und in den Schiffsstammabteilungen getragen werden sollte. Diese Einheiten waren jedoch nicht mehr mit der ehemaligen Marineinfanterie identisch, auch wenn die spätere Umbenennung der Küstenwehr in Marineartillerie an die Tradition der Matrosenartillerie anknüpfen sollte. Allein die nach wie vor intensive infanteristische Ausbildung neben der immer weiter voran schreitenden Spezialisierung deutet darauf hin, die feldgraue Marine als ein Bindeglied zu späteren Verbänden zu sehen, die wieder an eine Marineinfanterie im herkömmlichen Sinne erinnern.

Die Uniform

Sie war für alle Dienstgrade gleich und in Form und Farbe die des Heeres. Im Inneren Dienst wurde dazu eine Feldmütze mit einem weichen Tuchschirm getragen. Auf dem Besatzstreifen war die Reichskokarde aufgesteckt. Die Dienstmütze hatte die Form des Heeres, Schirm und Sturmriemen waren bei ihr aus schwarzem Leder gefertigt.

Der Rock

Der Rock hatte einen Stehumfallkragen aus feldgrauem Abzeichentuch. Beiderseits vorn am Kragen befand sich eine Doppellitze, ähnlich jener der früheren Seebataillone, jedoch ohne deren Pattenunterlage. Dieser einreihige Rock wurde mit acht Knöpfen geschlossen. Aufgenäht waren zwei Brust- und zwei Schoßtaschen. Die Knöpfe waren aus mattgelbem Metall mit klarem Anker und erhöhtem Rand. Außerdem wurde der frühere Blusenaufschlag als Ärmelaufschlag wieder eingeführt.

Kasernenanlage des II. Seebataillons in Wilhelmshaven; Soldaten der Reichwehr bei der Formalausbildung

Die Beinkleider

Zu dem Rock wurden graue Stiefelhosen oder lange graue Hosen getragen. Unberittene trugen schwere schwarze Schnürschuhe mit Wickelgamaschen, Berittene entsprechende Reitstiefel.

Die Verbandsabzeichen

Unteroffiziere und Mannschaften trugen auf den Schulterklappen zwei sich kreuzende klare Anker, darüber die römische Zahl der Küstenwehrabteilung, bei den Schiffsstammdivisionen je nach der Stationszugehörigkeit ein „O“ für Ostsee und ein „N“ für Nordsee. Diese Abzeichen wurden in gelber Wolle hergestellt, für Dienstgrade vom Feldwebel aufwärts jedoch aus vergoldetem Metall.

Die Rangabzeichen

Offiziere hatten Schulterstücke mit einer Tuchunterlage aus feldgrauem Abzeichentuch aus einem silbernen Metallgespinst. Die Rangsterne waren golden, bei Admiralen aus silbernem Metall. Deckoffiziere trugen Schulterklappen aus feldgrauem Abzeichentuch, mit einer mattsilbernen 1 cm breiten Tresse.

Die feldgraue Uniform ab 1933

Das am 30. Januar 1933 entstandene „Dritte Reich“ erließ sofort eine neue Marinedienstvorschrift, die MDv 260 „Marine- Bekleidungs- und Anzugsbestimmungen für die Reichsmarine“, die nur einige kleine, aber gravierende Änderungen vorsah. Alle Marineangehörigen erhielten die gleichen Knöpfe. Sie zeigten einen geprägten unklaren Anker, umgeben von einem tauartig geriffelten Rand, auf waagerecht geriffelter goldener bzw. bei Beamten silberner Fläche. Obwohl sie später in der Art der Heeresknöpfe befohlen wurden, trugen Offiziere und Portepeeunteroffiziere bis Kriegsende weiterhin an der feldgrauen Uniform die Goldknöpfe der blauen Marineuniform.

Am feldgrauen Rock wurden rechteckige Kragenpatten getragen. Diese waren 7 cm lang und 3 cm breit. Die feldgrauen Doppellitzen waren in einem Stück zusammenhängend gewebt und hatten einen weißen Mittelspiegel zwischen den Litzen und einen goldgelben Litzenspiegel. Bei den Offizieren, Deckoffizieren und Musikmeistern waren diese parallelogrammförmig. Die handgestickten, glatten Doppellitzen waren aus matten Silber- oder Aluminiumfaden. Die Litzen hatten einen aus goldgelber Schur gestickten schmalen Mittelstreifen. Admirale trugen die Kragenpatten aus kornblumenblauen Abzeichentuch. Die Arabeskenstickerei war die der Generale des Heeres und aus Goldfäden gestickt.

Die Schulterklappen der Unteroffiziere und Mannschaften waren aus feldgrauem Grundtuch. Sie wurden gewöhnlich aufgeknöpft; an Rock, Feldbluse und Mantel durften sie auch eingenäht werden. In der Mitte der Schulterklappen war das Unterscheidungsabzeichen der Marineteile aufgesteckt oder eingewebt. Diese waren wie gehabt für Portepeeunteroffiziere aus vergoldetem Metall, für Mannschaften und Unteroffiziere aus gelber Wolle oder Baumwollgarn maschinengestickt. Im Einzelnen gab es folgende Kennzeichnungen:

- Marineartillerie: Zwei gekreuzte Anker, darüber die römische Abteilungsnummer,
- Marineflakartillerie: Ab 13. März 1939 ein klarer Anker mit einer in der Mitte aufliegenden flammenden, geflügelten Granate, darüber die arabische Abteilungsnummer und die
- Marine-Sonderabteilung: Zwei gekreuzte klare Anker, darüber ein lateinisches „S".

Die Unteroffiziere trugen eine 1 cm breite mattgoldene Kragentresse am vorderen und oberen Rand des Rockkragens und um die Schulterklappen. Mannschaften vom Obermatrosen an aufwärts erhielten mattgoldene Winkel aus einer 1 cm breiten Tresse als Dienstgradabzeichen, die am linken Oberarm getragen wurden. Die Ingenieur- und Sanitätsoffiziere, Marinezahlmeister und Musikmeister behielten ihre alten Laufbahnabzeichen. Beamte trugen farbige Tuchunterlagen auf den Schulterstücken. Bei den Justizbeamten waren diese karmesinrot, Intendanturbeamte erhielten diese in hellblau. Beamte im Feldwebeldienstgrad trugen außerdem als Ärmelabzeichen einen silbernen Reichsadler.

Zu dieser neuen Uniform wurde ein Einheitskoppel mit einer mattgelben metallenen Schlossschnalle mit Seitengewehrtasche getragen. Die Troddeln entsprachen denen der Infanterie.

Der Stahlhelm war mit einem besonderen Marineabzeichen versehen, ein blaues Wappen mit gelbem Rand, darin zwei gekreuzte klare Anker. Die Haupt- und Kompaniefeldwebel trugen als Zeichen ihrer Dienststellung zwei mattgoldene je 1 cm breite Ärmelstreifen. Hornisten, Musiker und Hornisten hatten weiterhin Schwalbennester an beiden Oberarmen.

Zu beachten ist, dass wegen der bestehenden Rohstoffknappheit die bisherigen Uniformen aufgetragen werden durften. Deshalb konnte auch in den ersten Jahren nicht von einer einheitlichen Uniformierung ausgegangen werden. Mit Verfügung vom 24. März 1934 wurde für alle Bekleidungsstücke und Kopfbedeckungen der Soldaten und Beamten das neu geschaffene Hoheitsabzeichen befohlen, Adler mit Hakenkreuz. Auf den Uniformen wurde es auf der rechten Brustseite aufgenäht. Am Mantel wurde es nicht getragen. Die ovale Kokarde der Weimarer

Republik wurde durch die neue schwarz-weiß-rote Reichskokarde ersetzt. Auf die zahlreichen Änderungen der Dienstgradabzeichen für Mannschaften, die Einführung der Laufbahnabzeichen und der Abzeichen für Sonderausbildungen wird nicht mehr eingegangen.

Der zum Feld- und Wachdienst aufzusetzende Stahlhelm hatte an der rechten Seite jetzt das stehende Hoheitsabzeichen in Schildform, ein weiteres Schild an der linken Seite zeigte die Reichsfarben schwarz-weiß-rot. Neu eingeführt wurde eine Feldmütze, ein sogenanntes „Schiffchen", nach Art der Wehrmacht. Aufgenäht waren das Hoheitsabzeichen und eine Soutache in goldgelber Wolle in der Form eines nach unten gestellten „V". Die Feld- und Dienstmütze hatten Vorstöße von feldgrauem Abzeichentuch. Gemäß MVBl. vom 1. August 1940 erhielt sie eine 3 mm breite goldene Gespinsttresse als Umrandung.

Offiziere, Musikmeister, Oberfähnriche, Ärzte und Wehrmachtsbeamte im Offizierrang trugen seit 1936 an der Schirmmütze eine silberne Schnurumrandung. Die Offizierfeldmütze hatte keine farbigen Vorstöße. Hoheitsabzeichen und Eichenlaubkranz waren gelb. Diese Mütze wurde gemäß MVBl. vom 3. April 1939 auch von Portepeeunteroffizieren getragen. Ab 1938 erhielt der Einheitsmantel einen dunkelgrünen umgelegten Kragen. Auf ihm sowie der Feldbluse, die alle Soldaten trugen, waren Kragenlitzen in goldener bzw. gelber Farbe angebracht. Die Knopfzahl wurde auf vier verringert, die beiden unteren Taschen zu geraden Innentaschen geändert, die mit einem Knopf verschließbar waren.

Die Unterlagen der Schulterstücke wurden allgemein aus bläulichdunkelgrünem Abzeichentuch gefertigt. Rangabzeichen wurden in der Art wie bei der blauen Uniform getragen. Ab 1938 erhielten die Angehörigen der Marine-Artillerie-Abteilungen eine geflügelte flammende Granate über dem Anker, die Nummer blieb. Gemäß MVBl. 1939 fielen die Buchstaben „O" und „N" fort, dafür wurden arabische Zahlen eingeführt. Mit MVBl. 1942 wurde dann auch der „V"-förmige Soutachewinkel von der Feldmütze entfernt.

Die Kriegssonderabteilungen

Zwar sollten die Marine-Sonderabteilungen bei Mobilmachung aufgelöst werden, sie wurden aber nach Kriegsbeginn unter der Bezeichnung Kriegssonderabteilungen wieder aufgestellt. Während die Marine-Artillerie-Abteilungen ausbildungsgemäß in ihren Verwendungen blieben, stellte die Kriegsmarine besondere Infanterietruppenteile als Marine-Stoßtrupp-Abteilungen auf. Diese besonders hart ausgebildeten Soldaten wurden in Nahkampftechniken, Häuserkampf und dem Umgang mit Sprengmitteln aller Art ausgebildet und erhielten zudem eine

Linienschiff SCHLESWIG-HOLSTEIN

umfassende Kampfschwimmerausbildung. Der erste Kampfeinsatz dieser Spezialeinheit begann im August 1939. Ein Auszug aus dem Kriegstagebuch des Linenschiffes SCHLESWIG-HOLSTEIN schildert diesen Einsatz bei der Beschießung der Westernplatte in Danzig:

24. August 1939	22.00 Uhr	Übernahme Stoßtruppkompanie von Booten der 1. M-Bootflottille vor pommerscher Küste.
26. August 1939	21.30 Uhr	Vorgesehener Einsatz der Stoßtruppkompanie gestoppt.
31. August 1939	23.30 Uhr	Ausschiffung mit allen Waffen und Gerät. Um 01.00 Uhr beendet.
1. September 1939	4.47 Uhr	Feuererlaubnis für S-X (SCHLESWIG-HOLSTEIN)
	4.55 Uhr	Angriff der Stoßtruppkompanie
	6.22 Uhr	Funkspruch von Stoßtruppkompanie: Verluste zu groß, gehen zu zurück. Kompanie durch 45 Besatzungsmitglieder und Arzt verstärkt.
7. September 1939		Polnische Besatzung kapituliert.

Weitere Einsätze sollten folgen. So wurden die Soldaten der Stoßtruppkompanie eingesetzt:

Beim Unternehmen WESERÜBUNG, der Besetzung Norwegens, im Frankreichfeldzug, an der Kanalküste und im Baltikum, im Finnischen Meerbusen, an der Ostfront und bei der Heimatverteidigung. In der Endphase des Zweiten Weltkrieges, von Oktober 1944 bis März 1945, wurden Marineinfanterie-Divisionen aufgestellt – aus Matrosen, die mangels Schiffsraum nicht bei den schwimmenden Verbänden der Kriegsmarine eingesetzt werden konnten. Es waren aber

Verbände, die aufgrund der fehlenden infanteristischen Ausbildung dem Gegner hoffnungslos unterlegen waren und trotz aller Tapferkeit einen hohen Blutzoll zahlten. Untermauert werden soll dieses durch eine Schilderung über den Einsatz der 2. Marineinfanterie-Division.

Die 1. Marineinfanterie-Division wurde im Februar 1945 in Stettin aus der Marine-Schützen-Brigade Nord aufgestellt und zwischen Bad Freienwalde und Schwedt eingesetzt. In schweren Abwehrkämpfen an den Oderübergängen ostwärts Angermünde-Oderberg-Eberswalde wurden große Teile dieser Division vernichtet. In der Nacht vom 26. auf 27. April 1945 gelang der Division nach dem Einsatz in Neustrelitz der Rückzug über die Elbe nach Westen.

Kommandeur der Division bis zum 31. Januar 1945 war Konteradmiral Hans Hartmann; bis zum 28. Februar 1945 dann Generalmajor Wilhelm Bleckwenn. Sein Nachfolger ist nicht ermittelbar.

Zur 1. Marineinfanterie-Division gehörten:

- das Marineinfanterie-Regiment 1,
- das Marineinfanterie-Regiment 2,
- das Marineinfanterie-Regiment 4.
- die Füsilier-Kompanie 1,
- das Marine-Artillerie-Regiment 1,
- die Panzerjäger-Abteilung 1,
- das Marine-Pionier-Bataillon 1 und
- die Marine-Nachrichten-Abteilung 1.

Der Einsatz der 2. Marineinfanterie-Division im April 1945

Die 2. Marineinfanterie-Division war im Februar und März 1945 in Glückstadt und Itzehoe mit Marinesoldaten aufgestellt worden. In fieberhafter Eile war ihre Ausbildung für den Landkampf erfolgt. Viel mehr als die Handhabung ihrer Waffen haben diese meist 17jährigen Marinesoldaten nicht gelernt. Am 6. April ging beim Divisionsstab ein „Blitz“-Fernschreiben der Seekriegsleitung folgenden Inhalts ein:

ZUM FRONTALEN DEFENSIVEN EINSATZ GEGENÜBER VORDRINGENDEM FEIND WIRD DIE IM RAUM GLÜCKSTADT IN AUFSTELLUNG BEFINDLICHE 2.MAR.-INF.-DIV-ZUNÄCHST MIT DEN BEDINGT EINSATZFÄHIGEN INFANTERIEREGIMENTERN HEERESGRUPPE H UNVERZÜGLICH ÜBER BREMEN IN RICHTUNG OSNABRÜCK ZUGEFÜHRT

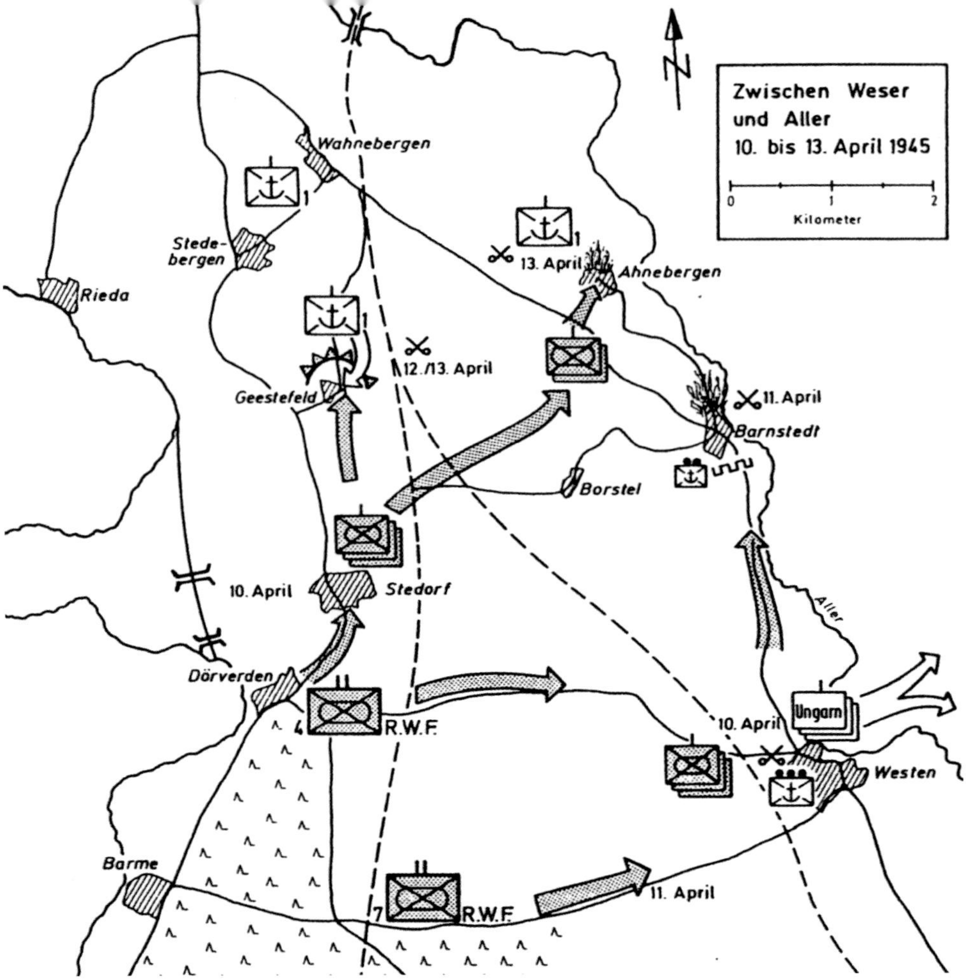

Lageentwicklung zwischen Weser und Aller bis 13. April 1945

Im Laufe des 7. und 8. April 1945 erreichten diese „bedingt einsatzfähigen" Regimenter die Aller und wurden in den Ortschaften Rethem und Verden ausgeladen. Eine Weiterfahrt in Richtung Osnabrück war lagebedingt nicht mehr möglich, da die Briten bereits mit zwei Divisionen am Ostufer der Weser standen. Ihre Spitzen hatten bereits Loccum und Neustadt a. Rbg. erreicht.

Das 1. Bataillon des Marine-Grenadier-Regiments 6 erreichte Nienburg am 7. April. Es verließ die Stadt jedoch bereits am nächsten Tag und richtete sich an der Aller zur Verteidigung ein. Eine von einem Kapitänleutnant und ehemaligen U-Boot-Kommandanten geführte Kompanie des Marine-Grenadier-Regiments 5 ging bis Hoya an die Weser vor. Seine Marinesoldaten bezogen am Weserufer und in einigen Häusern Stellung und richteten sich zur Verteidigung ein. Am Abend des 8. April marschierte die von Generalmajor Ross geführte britische 53. WELSH DIVISION kampflos in den Westteil von Hoya ein. In der Nacht hatten die Briten unmittelbar auf dem gegenüberliegenden Ufer in ca. 150 m Entfernung zwei Geschütze in Stellung gebracht und machten diese feuerbereit. Es gelang den

Marinesoldaten durch gezieltes Feuer die Bedienungsmannschaften auszuschalten und die Munition zur Explosion zu bringen, die auch die Geschütze zerstörte. Wenig später setzte starkes Artilleriefeuer auf das Ostufer ein, das die kampfunerfahrenen Soldaten nicht als Angriffsvorbereitung erkannten und im Keller Schutz suchten. Um 9.45 Uhr hatte das 6. Bataillon der ROYAL WELSH FUSILIERS mit 45 Sturmbooten den Fluss überquert. Der Rückzugsbefehl erreichte die Mariesoldaten zu spät, einige fielen, die anderen gerieten in Gefangenschaft.

So konnten die britischen Pioniere bereits mittags ungehindert mit dem Bau einer Kriegsbrücke beginnen. Bis zum nächsten Morgen, dem 10. April, hatte die gesamte britische 53. Division das andere Weserufer erreicht. Ihr Angriffsziel war zunächst Rethem. Sich in den Weg stellender Widerstand wurde schnell niedergekämpft. Jedoch hatte der Krieg für das kleine Städtchen an der Aller bereits am 8. April mit weittragenden Folgen begonnen. Ein britischer Tiefflieger hatte gegen 14.00 Uhr die Trafostation zerstört, wobei ein Soldat und ein Kind getötet wurden. Er flog dann auf der nach Walsrode führenden Reichsstraße 209 entlang und griff eine Wagenkolonne an. Während alle Lkw rechtzeitig in Deckung fahren konnten, erfasste eine Feuergarbe den Pkw des Kommandeurs der 2. Marineinfanterie-Division, Vizeadmiral Ernst Scheurlen, tötete ihn, seinen Fahrer, seinen Adjutanten und den taktischen Berater Major Wiese.

Eine endgültige Verteidigung im Verlauf der Aller zwischen Verden und Schwarmstedt war noch nicht eingerichtet. In dieser Situation wurde der Kommandeur Marine-Grenadier-Regiment 6, Kapitän zur See Werner Hartmann, als erfahrenster Offizier, vorläufig mit der Führung der Division betraut. Einen genauen Überblick über die Lage hatten weder er, noch der später als Kommandeur eingesetzte Oberst Graf von Bassewitz. So entstand entlang der Aller eine Gefechtsgliederung, die wohl in großen Teilen durch den Zufall entstanden war.

Das Marine-Grenadier-Regiment 7 unter Kapitän zur See Neitzel bezog Stellungen von Verden bis Hohen-Nedanaverbergen, das Marine-Grenadier-Regiment 6 unter Kapitän zur See Hartmann in der Linie Häuslingen-Altenwahlingen-Böhme, zwischen Bierde und Hellberg, das Marine-Feldersatzbataillon 2 und der Raum zwischen Hodenhagen und Essel wurde durch das Marine-Füsilier-Bataillon 2 unter Führung von Korvettenkapitän Gördes abgedeckt.

Hart westlich der Aller sollte das Marine-Grenadier-Regiment 5 unter Führung von Kapitän zur See Jordan verteidigen. Sein 1. Bataillon deckte den Raum von Wahnebergen bis an den Nordrand der Ortschaft Westen. In Westen selbst lag ein ungarisches Bataillon, welches aus drei Rekrutenkompanien bestand. Von Hüben bis Wohlendorf gab es keine Kampfeinheit. Das 2. Bataillon des Marine-Grenadier-Regiments 5 richtete sich in Rethem zur Verteidigung ein. Neben einigen Geschützen kleineren Kalibers war sie durch fünf auf Eisenbahnwaggons montierten 10,5 cm Flugabwehrkanonen verstärkt worden. Diese standen direkt auf dem Bahnhof von Rethem und unterstanden dem Batteriechef der 1. Batterie 125. (E) Flak-Abteilung, Hauptmann Hagemeier.

Wie bereits erwähnt, gab es in der Gefechtsgliederung erhebliche Mängel. Der von der 2. Marineinfanterie-Division zu verteidigende Raum um Verden war trotz seiner erheblichen Geländevorteile durch Aller und Weser zu stark, nach Südosten, wo der Feind große Vorteile gehabt hatte, zu schwach besetzt. Der folgenschwerste Fehler wurde allerdings westlich der Aller gemacht. Während das Marine-Grenadier-Regiment 6 und das ungarische Rekrutenbataillon den gesamten Abschnitt zwischen Wahnebergen und Rethem abzudecken hatten, standen parallel dazu, jedoch am rechten Ufer der Aller, die Marine-Regimenter 5 und 7. Die 2. Marineinfanterie-Division konnte daher stückweise geschlagen werden, ohne geschlossen als Verband eingesetzt worden zu sein. Eine weitere Unsicherheit ergab sich durch die ungarischen Kompanien. Ihre fehlende Kampferfahrung stellte ein großes Risiko dar, auch hielt man sie für nicht zuverlässig. Folglich hatte der Regimentskommandeur diese zwischen die beiden Bataillone eingesetzt.

Doch hatten sie die für die Briten günstigste Übergangsstelle zwischen Verden und Rethem zu verteidigen, die Fährstelle bei der Ortschaft Westen; ein wiederum erheblicher Fehler in der Lagebeurteilung. Die Verteidigungsvorbereitungen konzentrierten sich jedoch auf den Raum Rethem, hier wurde der Angriffsschwerpunkt der 53. WELSH DIVISION erwartet.

Am 9. April hatte das 2. Bataillon Marineinfanterie-Regiment 5 sich zur Verteidigung eingerichtet. Eine Kompanie sicherte den Raum zwischen Aller und der Bahnlinie nach Südosten, die zweite bezog Feldstellungen im Gelände vor der Eisenbahnflak, während die dritte Kompanie Häusergruppen besetzt hielt. Die vierte Kompanie, die über mehrere Maschinengewehre und leichte Geschütze verfügte, wurde auf die drei Kompanien verteilt und sicherte eine Panzersperre am Alpe-Bach und den Bataillonsgefechtsstand. Die Allerbrücke und die im Verlauf der Reichsstraße 209 liegenden See-Brücken waren zur Sprengung vorbereitet.

Am 10. April um 8.30 Uhr eröffnete die britische Artillerie das Feuer auf Rethem. Der Angriff begann nach der Feuerunterstützung auf den Stützpunkt Schweinebarth durch das britische 1. Infanterie-Bataillon der 5. WELSH FUSILIERS, der jedoch abgewehrt wurde. Das britische Bataillon schwenkte daraufhin nach Wohlendorf, das ohne Gegenwehr besetzt werden konnte.

Lediglich zwischen Wohlendorf und Westen standen in Donnerhorst und Hülsen deutsche Truppen. Es handelte sich um eine Marine-Kraftfahr-Ausbildungs-Abteilung des 5. Regiments in einer Stärke von ungefähr 100 Mann. Das hier um 9.00 Uhr angreifende britische 1. Bataillon des EAST LANCASHIRE REGIMENT überrannte diese Stellungen. 14 Soldaten fielen, die anderen gerieten in Gefangenschaft.

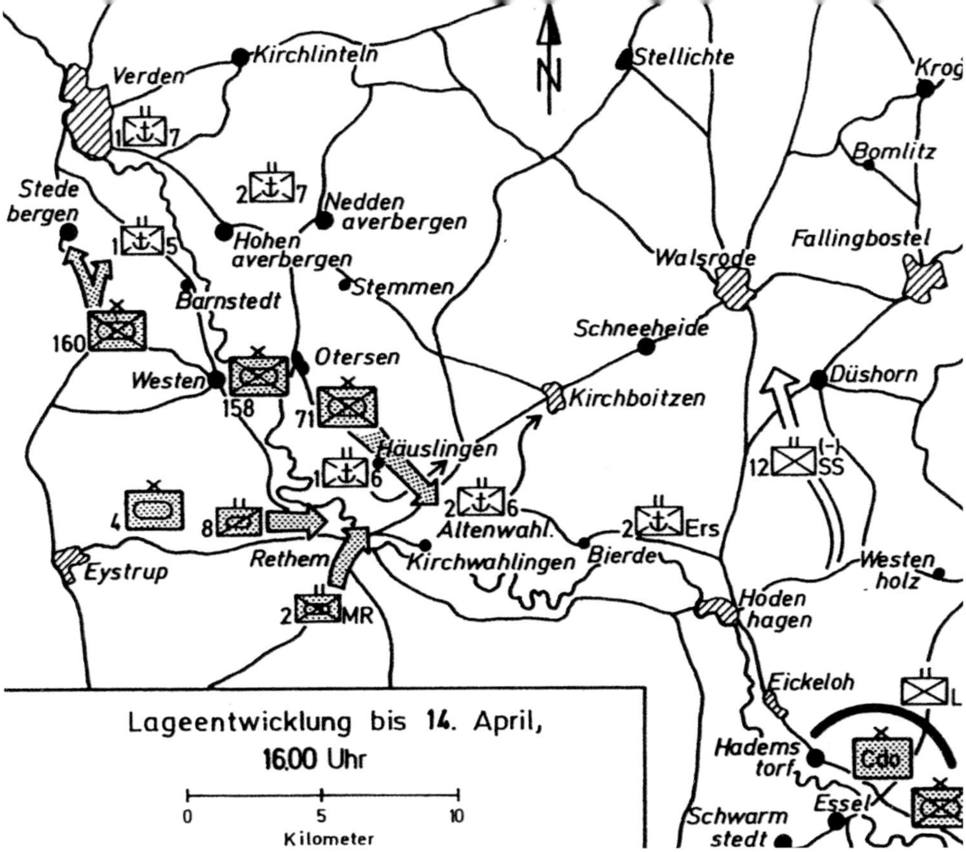

Lageentwicklung bis 14. April 1945

Um 10.30 Uhr ließ der Kommandeur des britischen 1.Bataillons 5. Regiment WELSH FUSILIERS, Oberstleutnant Morrison-Jones, von Wohldorf aus erneut Rethem angreifen. Zugute kam den Briten bei der Annäherung der in der Wölpe-Niederung herrschende Nebel, der sich jedoch nach Überqueren der Wölpe auflöste und die Briten deckungslos in dem völlig offenen Gelände gut 100 m vor der Zugstellung „Elfriede" überraschte. Unter schweren Verlusten mussten sich die Briten nach Wohldorf zurückziehen.

Auch der gleichzeitig vorgetragene Angriff mit Schützenpanzern und Wasp-Flammenwerfern auf die Aller-Brücke bei Rethem blieb bei der Panzersperre erfolglos liegen und musste nach schweren Verlusten abgebrochen werden. Nach Feuerunterstützung durch drei Artillerieregimenter ließ der Kommandeur der britischen 158. Infanterie-Brigade, Brigadier Wilsey, um 16.00 Uhr die WELSH FUSILIERS erneut Rethem angreifen. Diesen gelang zwar der Vorstoß bis zum Stützpunkt „Elfriede", konnten diesen aber nicht einnehmen und mussten nach Wohldorf zurück gehen. Zu hoch waren die britischen Verluste. Unter den Toten war auch der Kommandeur der 5. WELSH FUSILIERS, Oberstleutnant Morrison-Jones.

1. Batterie 125, (E) Flak-Abteilung

Zur gleichen Zeit griff das 7. Bataillon der ROYAL WELSH FUSILIERS den Stützpunkt Schweinebarth an. Trotz heftiger Gegenwehr gelang es den Briten, den Stützpunkt zu nehmen, sie wurden aber durch einen deutschen Gegenangriff unter schweren Verlusten zur Aufgabe und zum Rückzug gezwungen. In den Abendstunden griffen die WELSH FUSILIERS erneut den Stützpunkt Schweinebarth an. Die zehnköpfige deutsche Besatzung hatte gegen den zahlenmäßig weit überlegenen Gegner keine Chance. Sie fiel oder geriet in Gefangenschaft. Es war aber der einzige Geländegewinn, den die Briten an diesem Tage erringen konnten. Er hatte sie dreimal höhere Verluste gekostet als die Deutschen.

Von weitaus größerer Bedeutung war, dass die 158. Brigade die Angriffspitze der 53. Division bildete, welcher die 7. Panzer-Division und die 52. Infanterie-Division folgen sollten und dem gesamten XII. Britischen Korps den Allerübergang bei Rethem freizukämpfen hatte. Daraus folgte, dass der Kommandeur der 53. WELSH DIVISION, Generalmajor R. K. Ross, die 160. Brigade bis Stöcken vorzog und für den nächsten Tag weitere Artillerieunterstützung, Luftwaffe und ein Panzerregiment anforderte. Es schien das Todesurteil für die noch ca. 350 kampffähigen Marinesoldaten zu sein. Die feindliche Infanterie war fünfmal stärker, gegen Artillerie und Luftwaffe waren nur fünf Flugabwehrkanonen vorhanden und gegen die Panzer gab es nur Panzerfäuste, die erst in 50 m Entfernung wirksam eingesetzt werden konnten.

General Ross war sich sicher, die Aller-Brücke unversehrt in die Hände zu bekommen und somit den Vormarsch des XII. Britischen Korps sicher zu stellen. Er wusste aber nicht, dass bei einem Tieffliegerangriff die Sprengladung der Brücke getroffen worden war und die Explosion, im Kampflärm übertönt, diese zerstört hatte. Aber auch die meisten Marinesoldaten hatten dies nicht bemerkt und so standen sie mit dem Rücken zur Aller und erwarteten den Angriff.

In den frühen Morgenstunden des 11. April beschossen 72 britische Artilleriegeschütze Rethem. Diesem Feuer folgte der Angriff des 1. Bataillon 5. Regiment WELSH FUSILIERS, über Wohlendorf und die Wölpe, der blutig zurückgeschlagen wurde. Es gelang jedoch den Briten im Laufe des Tages den Stützpunkt „Elfriede“ zu erobern, und die abgekämpften restlichen 10 Soldaten gefangen zu nehmen. 20 ihrer Kameraden waren gefallen.

Die auf der Eystruper Straße vorrückenden Panzer des 5. ROYAL TANK REGIMENT wurden zum Rückzug gezwungen, als sie den Wirkungsbereich der fünf Eisenbahngeschütze gerieten. Um 15.00 Uhr griffen 24 TYPHOON Jäger der ROYAL AIR FORCE an und unterstützten die Soldaten des 2. Bataillon MONMOUTHSHIRES, die beiderseits der Stöckener Straße vorgingen. Diese liefen völlig ungedeckt auf die Feldstellungen und die Eisenbahngeschütze zu. Ihr Angriff brach unter dem konzentrierten Feuer der deutschen Marinesoldaten zusammen und der britische Kommandeur, Oberstleutnant Broocke, befahl das einzig Vernünftige, den Rückzug.

Die deutsche Truppe hatte einen höchst hartnäckigen und tapferen Widerstand geleistet. Dies von einer Truppe Marinesoldaten, die noch nie im Landeinsatz eingesetzt, unzureichend ausgebildet und ausgerüstet, einem zahlenmäßig weit überlegenen Gegner gegenüber stand. Natürlich ist auch zu bemerken, dass von britischer Seite gravierende taktische Regeln außer acht gelassen worden waren. Panzer ohne Infanterie, Infanterie ohne Panzer angreifen zu lassen, zeugt von Überheblichkeit oder Unvermögen. Kapitän zur See Jordan war sich im Klaren darüber, dass es nur ein kurzes Aufatmen gab. Es gelang ihm, alle Soldaten, gesichert durch eine schwache Nachhut, die am nächsten Morgen geholt wurde, in Fischerkähnen über die Aller zu bringen.

Die Briten hatten nichts bemerkt, sie bildeten noch immer eine Klammer um das von den deutschen Soldaten verlassene stark zerstörte Rethem. Während am 10. April die ersten verlustreichen und erfolglosen britischen Angriffe auf Rethem erfolgten, sicherte die britische 71. Brigade die linke Flanke der 53. Division. Das 4. Bataillon der ROYAL WELSH FUSILIERS, unterstützt von zwei Panzerkompanien des 5. ROYAL TANK REGIMENT, hatte den augenscheinlich unbedeutenden Auftrag, die Ortschaften Stedorf und Westen an der Aller zu nehmen. Der Dörverdener Volkssturm war schleunigst der herannahenden Übermacht nach

Hause entwichen. So konnte gegen 21.00 Uhr Stedorf, ohne dass ein Schuss abgefeuert worden war, besetzt werden.

Die zweite Hälfte des Bataillons marschierte auf Westen zu und traf auf die flüchtenden und sich ergebenden Ungarn. Es war der größte Erfolg dieses Tages für die Briten und von großer taktischer Bedeutung. Ohne einen Mann verloren zu haben, hatten sie eine günstige Fährstelle an der Aller gewonnen. In der Ortschaft Westen lagen aber auch 30 Angehörige des 1. Bataillon Marine-Grenadier-Regiment 5. Verlassen von den Ungarn, standen sie auf verlorenem Posten. Nach erbitterter Gegenwehr waren 11 Kameraden gefallen, sie konnten die WELSH FUSILIERS nicht daran hindern, einen Keil zwischen das Marine-Grenadier-Regiment zu treiben und die nördlich im Aller-Weser-Dreieck eingesetzten Marinekompanien einzuschließen.

Am Vormittag des 11. April wurde ein britischer gepanzerter Spähtrupp vor der Ortschaft Barnstedt von Oberleutnant Hermann Vollmers völlig vernichtet. Die Briten antworteten mit starkem Artilleriefeuer, Sherman- und Flammenwerferpanzern. Am 12. April drangen die Briten in Kompaniestärke nach Geestefeld vor, vertrieben die schwache Sicherung und bezogen Feldposten. In der Nacht überrumpelte ein deutscher Zug Marinesoldaten die schlafenden Briten und nahm mehrere Gruppen gefangen, musste dann aber der großen Übermacht weichen.

Ahneberg ging am 13. April verloren, in Richtung Borstel rollten britische Panzer und nahmen die Ortschaft. Neue Angriffsspitze wurde das über die Aller übergesetzte 1. Bataillon EAST LANCASHIRE, das nach schwerem Kampf mit einem Zug des Artillerie-Ausbildungs- und Ersatzregiments 22 die Ortschaft Otersen nahm. Die Ortschaft Wittenlohe fiel in Feindeshand, und über eine Kriegsbrücke konnte die 158. Brigade ohne Behinderung die Aller überschreiten.

Die gegen 2.00 Uhr Klein-Häuslingen angreifende 71. Brigade stieß jedoch auf heftige Gegenwehr einer Kompanie des Marine-Grenadier-Regiments 6. Das in Reserve liegende 1. Bataillon der OXFORDSHIRE AND BUCKINGHAMSHIRE LIGHT INFANTRY übernahm die Angriffsspitze und verfolgte die nach Groß-Häuslingen zurück weichenden Marinesoldaten, die dort aber zunächst mit dem Einsatz der Artillerie den Vormarsch der Briten stoppten konnten. Den vorrückenden Briten gelang es aber, gegen 7.00 Uhr die deutschen Stellungen zu nehmen. Alle Offiziere, Bootsmänner und 42 Matrosen waren gefallen, die wenige Überlebenden führerlos.

Das nächste Ziel am 14. April war Ahnebergen, das die Briten trotz großer Übermacht und starkem Artilleriefeuer, das durch ein Beobachtungsflugzeug gelenkt wurde, erst am späten Abend nehmen konnten. Die 6. und 7. Kompanie des 2. Bataillons des Korvettenkapitäns Meincke hatten die Seebrücke bei Rethem gesprengt und sich somit einen erheblichen Vorteil geschaffen. Ein gegen Mittag des 13. April vorgestoßener britischer Spähtrupp hatte Rethem ohne kampffähiges deutsches Militär vorgefunden, die nachrückenden MOUNTMOUTHSHIRES besetzten Rethem und nahmen die 120 verbliebenen Verwundeten gefangen.

Britische Panzer in Rethem/Aller

Über eine eilig gebaute Kriegsbrücke marschierte die gesamte britische 4. Panzerbrigade, das 8. ROYAL HUSARS-Aufklärungsregiment und die aus dem Raum Harpstedt zurückbefohlene 7. Panzerdivision bereits im Morgengrauen des 14. April in Richtung Walsrode und Soltau, dem neuen Zwischenziel. Jedoch zwang die gesprengte Seebrücke die Briten über Kirchwahlingen und Altenwahlingen auszuweichen. In Kirchwahlingen erhielten die Briten von den Matrosen der 5. Kompanie des 2. Bataillons kurzzeitiges schweres Abwehrfeuer, dann setzten sich die Matrosen mit Leutnant Winterhoff nach Böhme ab, nachdem der Kompanieführer Leutnant zur See Herbst, sein Stellvertreter Leutnant zur See Markert und fünf Matrosen gefallen und zahlreiche Soldaten verwundet waren. Rethem war in britischer Hand, der deutsche Widerstand war gebrochen, zu schwer waren die Verluste. Der Regimentskommandeur, Kapitän zur See Werner Hartmann, sammelte zwar alle verbliebenen Kräfte am Ostrand von Altenwahlingen, um die Briten aufzuhalten, aber die Reste seiner Einheiten konnten nur noch geringen Widerstand leisten. Es gelang zwar noch, zwei Panzer zu vernichten, aber der britische Vormarsch war nicht mehr aufzuhalten.

Stellenbesetzung der 2. Marineinfanterie-Division
Divisionskommandeure:
11.02.1945 – 08.04.1945: Vizeadmiral Ernst Scheurlen
08.04.1945 – 10.04.1945: Kapitän zur See Werner Hartmann
10.04.1945 – 08.05.1945: Kapitän zur See Werner Henning-Friedrich Graf von Bassewitz-Levetzow

Regimentskommandeure:
Marine-Grenadier-Regiment 5: Kapitän zur See Hermann Jordan
Marine-Grenadier-Regiment 6 : Kapitän zur See Werner Hartmann
Marine-Grenadier-Regiment 7: Kapitän zur See Karl Neitzel

Bataillonskommandeure:
Marine-Füsilier-Bataillon 2: Korvettenkapitän Josef Gördes
Marine-Feldersatz-Bataillon 2: Major Stoschke
I / Marine-Grenadier-Regiment 6: Korvettenkapitän Melzer
II / Marine-Grenadier-Regiment 6: Korvettenkapitän Meincke

Gliederung und unterstellte Einheiten:
- Marine-Grenadier-Regiment 5
- Marine-Grenadier-Regiment 6
- Marine-Grenadier-Regiment 7
- Marine-Artillerie-Regiment 2
- Marine-Versorgungs-Regiment 200
- Marine-Füsilier-Bataillon 2
- Marine-Panzerjäger-Abteilung 2
- Marine-Pionier-Bataillon 2
- Marine-Nachrichten-Abteilung 2
- Marine-Feldersatz-Bataillon 2
- Marineinfanterie-Ersatz- und Ausbildungs-Bataillon 2

Die 3. Marineinfanterie-Division wurde am 1. April 1945 aus den Resten der zerschlagenen 163. Infanterie-Division durch Auffüllung mit Marinesoldaten in Misdroy aufgestellt. Vom 1. April bis zum 19. April 1945 führte die Division Abwehrkämpfe im Raum Horst-Dievenow-Cammin und im Raum Wollin-Misdroy. Am 23. April 1945 erfolgte vom Brückenkopf Eberswalde ein Entsatzangriff auf Berlin. Der letzte Einsatz am 1. Mai 1945 im Raum Kyritz war dann das Ende der Division. Von hier aus marschierte sie in die russische Gefangenschaft. Divisionskommandeur bis zum 1. April 1945 war Oberst von Witzleben, ab 3. April Oberst Fritz Fullriede.

Die folgenden Verbände gehörten zur Division:

- das Marine-Grenadier-Regiment 8
- das Marine-Grenadier-Regiment 9
- das Marine-Grenadier-Regiment 10
- das Marine-Füsilier-Bataillon 3
- das Artillerie-Regiment 234
- die Marine-Panzerjäger-Abteilung 3
- das Marine-Pionier-Bataillon 3
- die Marine-Nachrichten-Abteilung 3 und
- das Marine-Feldersatz-Bataillon 3

Die 11. Marineinfanterie-Division wurde im März 1945 in den Niederlanden aufgestellt. Es gilt aber als sicher, dass es sich dabei um eine Tarnbezeichnung handelte. Kapitän zur See Hans Ahlmann war offiziell Kommandeur des Marine-Schützen-Regiment 111, des Marine-Schützen-Regiment 112 und des Marine-Schützen-Regiment 113. Die getarnte Gliederung beinhaltete aber die 11. Marine-Division und die Abteilungen Kuffes und Schindler.

Die 16. Marineinfanterie-Division, ebenfalls im März 1945 in den Niederlanden aufgestellt, scheint auch ein getarnte Aufstellung gewesen zu sein.
Offiziell führte der Kommandeur, Kapitän zur See der Marineartillerie der Reserve Carl Hollweg, die folgenden Regimenter:

- das Marine-Schützen-Regiment 161,
- das Marine-Schützen-Regiment 162 und
- das Marine-Schützen-Regiment 163.

Tatsächlich waren es wohl das Grenadier-Regiment 604, das Füsilier-Grenadier-Regiment 219, das Grenadier-Bataillon 119, das Grenadier-Regiment 219, das Füsilier-Regiment 703 und das Grenadier-Regiment 579.

Marineartilleristen im Waffenrock

Das Seebataillon und die Marinesicherungstruppe der Bundesmarine

Das Mützenband mit gotischem Schriftzug wurde bis Juni 1959 getragen

Aus dem mit Aufstellungsbefehl Nr. 79 (Marine) vom 10. März 1958 am 1. April 1958 aufgestellten Marinepionierbataillon in Wilhelmshaven wurde am 1. Oktober 1959 das Seebataillon gegründet. Sein Auftrag war der Objektschutz ohne schwere Waffen. Truppendienstlich wurde es den Amphibischen Streitkräften unterstellt. Am 1. Juli 1961 verlegte das Bataillon nach Borkum und wurde dort am 31. Dezember 1965 aufgelöst, jedoch wieder als Strandmeisterkompanie aufgestellt und mit Aufstellungsbefehl Nr. 132 der Amphibischen Gruppe unterstellt.

Der begrenzten Pioniertätigkeit folgte die Küstensicherung, der Umschlag von Nachschub über die Küste und die Vorbereitung von amphibischen Operationen. Die Landungsunternehmen selbst wurden jedoch durch das Heer durchgeführt. Sicherungskompanien übernahmen den Schutz der Marinefliegerhorste und der Marinestützpunkte. Ausgerüstet war diese Amphibische Gruppe mit den Landungsbooten BUTT und BRASSE, sowie den Landungsboote der Klassen 552, 554 und 555.

Landungsboote BUTT (788) und BRASSE (789)

Marinepioniere auf einem ex-britischen Landungsboot, 1958

Am 16. Dezember 1988 wurde als Truppenversuch ein neues Seebataillon aufgestellt, dieser endete am 30. September 1990. Ausgebildet wurden zunächst alle Soldaten an der Marineunteroffizierschule (MUS) in Plön, später dann in der Küstendienstschule in Großenbrode und in der Lehrgruppe Grundausbildung in Glückstadt. Zum 1. Juli 1960 wurde das in Glückstadt stationierte Schiffstammregiment in Marineausbildungsregiment umbenannt. Nach über dreizehn Jahren wurde es am 3. September 1973 aufgelöst. Aus dem Personal wurde die selbstständige Lehrgruppe Grundausbildung der Marineküstendienstschule gebildet, die der Marineküstendienstschule in Großenbrode unterstellt war.

Die Wiedervereinigung Deutschlands führte ab dem 3. Oktober 1990 durch die Reduzierung der Personalstärke zur Neuordnung der Marine. Die Marinekaserne in Glückstadt wurde das „Mutterhaus" für alle Marinesicherungstruppen mit der Verwendungsreihe 76. Am 1. Januar 1991 wurden die Marinesicherungsbataillone 1 und 5 in Glückstadt neu aufgestellt. Als Nachfolger des Küstenverteidigungsregiments 18 der ehemaligen Nationalen Volksarmee der DDR (NVA) entstand dann am 3. März 1991 das Marinesicherungsbataillon 3 in Rostock. Alle drei Verbände hatten besonders wichtige Objekte der Marine zu schützen. Ihre Einsatzorte erstreckten sich folglich über den gesamten norddeutschen Raum.

Am 31. März 1995 kam das Ende für das Marinesicherungsbataillon 5. Auch die Küstendienstschule Großenbrode schloss am 15. September 1995 ihre Tore. Das Marinesicherungsbataillon 3 verlegte im Jahr 1996 von Rostock nach Seeth. Gleichzeitig wurden die Marinesicherungsbataillone 2 und 4 als Geräteeinheiten zusammengefasst. Am 1. Juli 1996 nahm der Stab Marinesicherungsregiment seinen Dienst in dem modern vernetzten Block OSTPREUSSEN der Marine-Kaserne Glückstadt auf. Am 30. September 2001 wurden das Marinesicherungsregiment Glückstadt und das Marinesicherungsbataillon 3 Seeth aufgelöst. Im April 2003 wurde aufgrund der aktuellen terroristischen Bedrohung das übrig gebliebene Marinesicherungsbataillon 1 wesentlich verstärkt. Durch die neue Struktur der Deutschen Marine änderte sich das Unterstellungsverhältnis. Das Marinesicherungsbataillon 1 gehörte nun zur Flottille der Minenstreitkräfte und wurde bis zum 31 März 2004 im Rahmen der Neuausrichtung der Bundeswehr in die Preußer-Kaserne nach Eckernförde verlegt.

Der Standort Glückstadt

Garnison war Glückstadt bereits 1625 und wurde 1682 die Geburtsstätte der dänischen Marineinfanterie. Allerdings fühlten sich die damaligen dänischen Herrscher als Deutsche und so war auch die Kommandosprache der dänischen Marineinfanterie deutsch. Soldaten aus der Glückstädter Garnison waren an allen Kriegen jener Zeit beteiligt. 1815 stellte die Garnison das Holstein-Lauenburgische Kontingent im 10. Bundeskorps des Bundesheeres im Deutschen Bund. Sie wurde dann durch die politischen Auswirkungen des Krieges von 1864 am 24. Januar 1867 preußisch. Mit Verlegung des preußischen Bataillons nach Altona endete die militärische Bedeutung von Glückstadt. Berühmte deutsche Offiziere haben in Glückstadt gedient. So von Bülow, von der Goltz, von Hindenburg, von Moltke, von Rantzau, von der Schulenburg und von Zeppelin. Bis auf ein kleines Wachkommando blieb Glückstadt für eine lange Zeit ohne Soldaten.

Barett der Marineschutzkräfte

Mit Einführung der allgemeinen Wehrpflicht 1935 wurde auch Glückstadt zur Garnison der Kriegsmarine bestimmt. Große bauliche Schwierigkeiten waren zu meistern, denn der grundwassernahe Marschboden im Baugebiet Blohmsche Wildnis und die Nähe der Elbe machten es erforderlich, dass sämtliche Gebäude auf 25 m lange Pfähle gesetzt werden mussten. Als dann am 1. Juli 1936 die 2. Schiffsstammabteilung der Kriegsmarine in die Kasernenanlage Am Neuendeich in Glückstadt einmarschierte, wurde sie von einer begeisterten Menschenmenge freudig begrüßt. Regierungsbaurat Walbe überreichte den obligatorischen Schlüssel an den ersten Kommandeur, Korvettenkapitän Schulze.

Im November 1942 wurde das mit Baubeginn 1939 errichtete Kriegslazarett in Glückstadt seiner Bestimmung übergeben. Nach dem Kriege waren Flüchtlinge in der Kaserne untergebracht, dann kurfristig der Bundesgrenzschutz, bis dann gemäß dem Aufstellungsbefehl Nr. 28 ab 16. Juli 1956 die 3. Schiffsstammabteilung der neu geschaffenen Bundesmarine die Liegenschaft beziehen sollte. Zunächst wurde sie jedoch am 1. Juli 1956 Heimat für das I. Bataillon Feldartillerieregiment, das dann am 14. September 1956 nach Hamburg-Wandsbek in die Boehn-Kaserne verlegte. Das Regiment wurde spätere in das Feldartilleriebataillon 177 umbenannt. Am 16. September 1956 rückten dann die ersten Freiwilligen der 3. Schiffsstammabteilung zur Grundausbildung in die Marine-Kaserne Glückstadt ein. Am 15. November 1956 folgte die Aufstellung des Schiffsstammregiments. Diese wurden mit Wirkung vom 1. Juli 1960 zusammengefasst und in Marineausbildungsregiment umbenannt. Es wurde zum 31. Dezember 1972 aufgelöst. Auch das aus dem Regiment gebildete Marineausbildungsbataillon bestand nur bis zum 30. September 1973. Aus seinem Personal entstand die selbstständige Lehrgruppe Grundausbildung der Marineküstendienstschule Großenbrode. Ab Januar 1976 reiste mancher „Gediente" nach Glückstadt, denn hier war inzwischen das Ausbildungszentrum für Reservisten der Marine eingerichtet worden.

Am 1. April 1991 wurden alle Angehörigen der Marinesicherungskompanien Flensburg, Kiel, Kropp, Olpenitz, Nordholz und Tarp in Glückstadt als Marinesicherungsbataillone 1 und 5 zusammengefasst. Die Marine-Sanitätsstaffel wurde 1998 in Marinestandortsanitätszentrum Glückstadt umbenannt. Am 31. März 1995 erfolgte die Auflösung des Marinesicherungsbataillons 5 und eine teilweise Eingliederung in das Rostocker 3. Bataillon. Zum 1. Oktober 1996 wurden die Stäbe Marinesicherungsregiment und Marineausbildungsbataillon aufgestellt und das Marinesicherungsbataillon 1, das Marineausbildungsbataillon, die gekaderten Marinesicherungsbataillone 2 und 4 und das von Rostock ins benachbarte Seeth verlegte Marinesicherungsbataillon 3 diesen Stäben unterstellt. Das Marineausbildungsbataillon wurde verantwortlich für die beiden Ausbildungskompanien und die in Seeth liegende 3. Kompanie und das dortige Marineausbildungszentrum Kraftfahrdienst. Am 3. September 2001 wurden das Marinesicherungsregiment und das Marinesicherungsbataillon 3, aufgelöst, im April 2003 erforderte die veränderte weltpolitische Entwicklung die Verstärkung des verbliebenen Marinesicherungsbataillons 1, das seit 1. April 2004 als neu aufgestellte Marineschutzkräfte in Eckernförde seinen Dienst versieht. Das war das Ende des Standortes Glückstadt, sehr zum Bedauern der Bevölkerung, die mit ihren Marinern immer ein herzliches Verhältnis verband.

Der Auftrag des Marinesicherungsregiments

Das Marinesicherungsregiment bekam 1996 den folgenden Auftrag:

- Schutz von Marineobjekten,
- Schutz von Transporten und deren Verbindungslinien,
- Schutz von Einschiffung seegehender Einheiten (Boarding Teams),
- Schutz von Objekten in außerheimischen Gewässern und
- Einbindung in die Krisenreaktionskräfte (KRK) der Marine.

Boarding Team – Einsatzbesprechung an Bord

Ausbildung

Diese Vielzahl von Aufträgen führte zu einer intensiven und gefechtsnahen Ausbildung der Marinesoldaten. Grundlage wurden die Führungs- und Einsatzgrundsätze der Jägertruppe des Heeres, also Orts- und Häuserkampf, Wald- und Jagdkampf. Auch die im Einsatz gemachten Erfahrungen anderer NATO-Staaten waren Teil der Ausbildung. Nach erfolgreichem Abschluss erhalten die Matrosen das Abzeichen der Marinesicherungstruppe für das von ihnen getragene marineblaue Barett verliehen. Dieses Abzeichen zeigt einen unklaren Anker mit zwei gekreuzten Gewehren.

Bewaffnung

Ausgerüstet sind die Soldaten mit den Handwaffen:

- Pistole P8,
- Maschinenpistole MP 2,
- Granatpistole,
- Gewehr G 36 kurz,
- Maschinengewehr MG 3,
- Panzerfaust,
- Fliegerfaust STINGER und
- Feldkanone 20 mm.

Für den Einsatz als Boarding-Soldaten steht eine entsprechende Sonderausrüstung zur Verfügung. Ausbildung und Ausrüstung gewährleisten somit den Einsatz als landgebundene, voll bewegliche Kampfeinheiten, andererseits bilden sie eine wertvolle Verstärkung der Besatzungen der Fregatten.

Was verbirgt sich hinter dem Begriff „Boarding Team"? Es ist der Begriff für eine 20-köpfige Crew, die im Rahmen einer Seeblockade aufgrund einer UN-Resolution Kontrollen von Handels- oder zivilen Frachtschiffen auf See durchführt. Der Auftrag der Boarding-Soldaten ist die Überprüfung und Durchsuchung von Handelsschiffen zum Zwecke von Embargoüberwachungen und Informationsgewinnung. Überprüft wird im Einzelfall, ob sich sogenannte Bannware, also Waren, die aufgrund eines von der UN verhängten Embargos in ein bestimmtes Land nicht eingeführt werden dürfen oder international gesuchte Personen an Bord befinden. Dabei werden die vorgeschriebenen Schiffs- und Frachtpapiere auf Richtigkeit überprüft und die Ladung kontrolliert. Ferner wird eine Ausweiskontrolle bei der Besatzung durchgeführt und alle an Bord befindlichen Personen fototechnisch erfasst.

Nachdem ein verdächtiges Schiff über Funk abgefragt ist, geht bei anhaltendem Verdacht das Boarding Team an Bord und kontrolliert das Schiff. Das Boarding Team besteht neben dem Führungsoffizier (Boarding Officer) aus einem Durchsuchungsteam, einem Embargo Control Liasion Officer (ECLO) und aus zehn Marinesicherungssoldaten. Als ECLO wird ein Handelsschiffoffizier im Reservedienstgrad eingesetzt, da er die handelsrechtlichen Bestimmungen, die Ladungspraktiken, Schiffspapiere und mögliche Verstecke gut kennt. Die Soldaten der Sicherungstruppe sind für den Schutz der Crew zuständig und gleichzeitig Bestandteil des Boarding Teams. Falls sich der Verdacht erhärtet, wird das Schiff zum Einsatzhafen der Fregatte umgeleitet. Während des Einsatzes „Enduring Freedom" befindet sich je ein Boarding Team auf den Fregatten der Deutschen Marine.

Vor ihrem Einsatz erhalten die Boarding-Soldaten eine intensive sechsmonatige Spezialausbildung. Diese umfasst Fast Roping (Abseilen vom Hubschrauber), Kampf-Schießen, eine Nahkampfausbildung, Abseiltechniken, eine Sprachausbildung in Englisch, Boardingtechnik und Überleben in See. Nach ihrer Ausbildung werden die Boarding-Soldaten dann auf Fregatten aller Klassen eingeschifft. Das Boarding-Team wird von Soldaten der Fregatten ergänzt. Es sind Soldaten, die einen zweiwöchigen Funktionslehrgang absolviert haben, in dem ihnen die Grundlagen des Boardingeinsatzes vermittelt wurde.

Anzugsarten

Obwohl es sich bei der Marinesicherungstruppe um eine besondere Truppe handelt, tragen Ihre Soldaten keine eigene Uniform. Nur das dunkelblaue Barett weist auf ihre spezielle Ausbildung und Verwendung hin. Vorgeschrieben

Boarding - Abseilübung vom Hubschrauber in See

ist weiterhin als Dienstanzug für Offiziere, Unteroffiziere und Mannschaften die Uniform in der Grundform der Marine.

Rock und Hose

Der Rock, vorschriftsmäßig Jackett genannt, ist bei männlichen und weiblichen Soldaten von dunkelblauer Farbe und wird als sogenannter Zweireiher getragen. Er wird mit sechs goldfarbenen Knöpfen geschlossen. Die Dienstgrade und die Laufbahnabzeichen werden auf beiden Armen getragen, bei den Offizieren traditionell als Kolbenring an den Unterarmen, bei Unteroffizieren auf den Oberarmen. Dazu gehört ein weißes Hemd mit einem schwarzem Langbinder.

Mannschaften tragen ein dunkelblaues Hemd mit einem blauen Hemdkragen, umgangssprachlich als „Kieler Kragen", oder als „Exerzierkragen" bezeichnet. Unter diesem wird ein schwarzes seidenes Halstuch mit einer weißen Fliege getragen. Der Knoten des seidenen Tuches ist so zu binden, dass der blaue Strich, vom Mann aus gesehen, von links nach rechts oben verläuft. Die Enden der Bändsel des Hemdkragens sind zu säumen. In der Zeit vom 1. April bis 31. Oktober kann allgemein das weiße Hemd getragen werden.Zur Uniform gehört eine weiße Schirmmütze. Die Mannschaften tragen die Tellermütze mit dem schwarzseidenen Mützenband und den goldfarbenen Buchstaben ihrer Dienststelle, zuletzt 3. MARINESICHERUNGSBATAILLON. Die Hose ist von dunkelblauer Farbe und wird von den männlichen Matrosen in Form der traditionellen Klapphose getragen.

Bei warmer Witterung oder in geschlossenen Räumen darf, soweit Brauch und gute Sitte dem nicht entgegenstehen (z. B. im Theater), der Dienstanzug ohne

Jackett getragen werden. In diesem Fall ist ein Diensthemd bzw. eine Dienstbluse bei den weiblichen Soldatinnen, mit Schulterklappen zu tragen.

Der Mantel

Bei kalter Witterung wird ein dunkelblauer Mantel angezogen, der mit insgesamt 8 Knöpfen, jeweils vier in zwei Reihen, geschlossen wird. Mannschaftsdienstgrade tragen den traditionellen Überzieher, umgangssprachlich seit jeher „Colani", nach einem gleichnamigen Modeschöpfer genannt, der diesen entworfen hat. Dazu gehören ein dunkelblauer Schal und graue lederne Fingerhandschuhe. Alle anderen Bekleidungsstücke wie Sportbekleidung, Pullover, Blouson oder Rock für die Soldatinnen sollen hier nicht weiter behandelt werden.

Der Feldanzug Tarndruck

Zum allgemeinen Dienst und im Einsatz tragen die Marinesicherungstruppen den Feldanzug Tarndruck entweder mit dem dunkelblauen Barett oder dem Gefechtshelm. Die Dienstgradabzeichen werden dann in der goldfarbenen Ausführung auf der Schulterklappe getragen.

Kommandeure der Marinesicherung:
01.01.1991 – 31.03.1993: Fregattenkapitän Battke, Winfried (Aufstellung 01.01.1991)
01.04.1993 – 30.09.1994: Fregattenkapitän Behrendt, Friedrich
01.10.1994 – 21.08.1997: Fregattenkapitän Hamann, Burkhard
29.09.1997 – 30.09.1999: Fregattenkapitän Dzulko, Christoph
01.10.1999 – 29.09.2001: Fregattenkapitän Nitsch,Klaus
01.10.2001 – 11.06.2003: Fregattenkapitän Eichler, Hans-Jörg
11.06.2003 – 05.07.2004: Fregattenkapitän Sender, Auflösung (30.09.2001)

Kommandeure des Marinesicherungsbataillon 2:
01.04.1991 – 30.09.2001: Fregattenkapitän Usczek, Manfred
und mobbeorderte aktive Stabsoffiziere, z. B. Fregattenkapitän d.R. Schulz-Grumsdorf (Auflösung 30.09.2001)

Kommandeure des Marinesicherungsbataillon 3:
01.04.1991 – 01.07.1991: Fregattenkapitän Berger, Gerhard
01.07.1991 – 01.01.1995: Fregattenkapitän Katzmarczyk, Karl-Heinz
01.01.1995 – 30.09.1997: Fregattenkapitän Uszeck, Manfred (Standort Seeth)
30.09.1997 – 19.12.1999: Fregattenkapitän Kulla,Michael
19.12.1999 – 30.09.1997: Fregattenkapitän Gatke, Michael (Auflösung 30.09.2001)

Kommandeur des Marinesicherungsbataillons 4:
1996 – 30.09.2001: Fregattenkapitän Holz, Joachim (Auflösung 30.09.2001)

Kommandeur des Marinesicherungsbataillons 5:
01.01.1991 – 31.03.1993: Fregattenkapitän Usczeck, Manfred

Kommandeure Marinesicherungsregiment:
01.10.1996 – 20.07.1999: Kapitän zur See Schweichler, Hans-Peter
21.07.1999 – 30.06.2001: Kapitän zur See Bischoff, Rupert
01.07.2001 – 30.09.2001: Fregattenkapitän Eichler, Hans-Jörg

Kommandeure Marineausbildungsbataillon:
01.10.1996 – 06.01.1997: Fregattenkapitän Wrobel, Manfred
28.06.2000 - 01.10.2002: Fregattenkapitän Lorenz, Hans-Georg (nun LehrGrp B MUS)
01.10.2002 – 30.09.2003: Fregattenkapitän Lorenz, Hans-Georg
30.09.2003 – 28.09.2005: Fregattenkapitän Mauersberger, Karsten
28.09.2005: Korvettenkapitän Zielinski, Ralf

Die Marineschutzkräfte der Bundeswehr

Die Veränderung der weltpolitischen Lage durch die weltweiten terroristischen Anschläge führte auch in der Bundeswehr dazu, eine Antwort auf die Bedrohung deutscher Häfen, Schiffe und schließlich auch deutscher Interessen zu finden. So wurde nach dem Umzug der Marinesicherungstruppe von Glückstadt nach Eckernförde diese mit Ablauf des 31. März 2005 aufgelöst und am 1. April 2005 ein neuer und selbstständiger Verband aufgestellt, der die Vorgaben der politischen und militärischen Führung umsetzen sollte: Die Marineschutzkräfte (MSK). Kurzfristig wurden die Marineschutzkräfte der Flottille der Minenstreitkräfte unterstellt. Gemäß der neuen Struktur, die ab Juli 2006 wirksam wurde, kamen sie dann zur Einsatzflottille 1, die von Konteradmiral Andreas Krause geführt wird.

Der Standort Eckernförde

Militärisch gesehen machte sich die Stadt Eckernförde bereits 1849 einen Namen. Am 5. April 1849 besiegten schleswig-holsteinische Landbatterien ein dänisches Geschwader, bei dem der Namensgeber der Eckernförder Kasernenanlage, Unteroffizier Preußer, eine besondere Rolle spielte. Er und die aufgebrachte Segelfregatte GEFION wurden im Deutschen Kaiserreich zum Anfang der deutschen Seemacht verklärt, obwohl es ein Sieg von Artilleristen des Heeres war.

Das Gefecht bei Eckernförde am 5. April 1849. Die dänische Fregatte GEFION wird von den deutschen Landungsbatterien zur Übergabe gezwungen.

Garnison wurde Eckernförde im Jahre 1912 mit der Errichtung des Schießstandes für die Kaiserliche Torpedowerkstatt in Friedrichsort, deren Umzug 1935 in die Anlagen von Carlshöhe erfolgte. Heute ist Eckernförde der Stützpunkt für U-Boote, für das 1. und 3. U-Boot-Geschwader, Standort der Waffentauchergruppe sowie der Wehrtechnischen Dienststelle 71, die an der Erprobung von Waffentechnik im Unterwasserbereich arbeitet. Seit dem 1. April 2005 auch die militärische Heimat der Marineschutzkräfte.

Der Auftrag der MSK

Die Anforderungen an die MSK wurden sehr hoch angesetzt. Die Marineschutzkräfte sollen in der Lage sein, Einheiten der Marine zu sichern, zu schützen und bei der Abwehr terroristischer Angriffe zu unterstützen. Darüber hinaus sollten nationale und multinationale Einsätze mit allen eigenen sowie verbündeten Teilstreitkräften möglich sein. Als Einsatzgebiet wurden Einrichtungen an Land, in Häfen, auf Reede und in küstennahen Gewässern zugewiesen. Der Auftrag dieses neuen Typus von Marinesoldaten erinnert stark an die Aufgaben früherer Seesoldaten, obwohl diese aufgrund der in allen Bereichen weiterentwickelten Technik ungleich schwieriger geworden sind, aber es bleibt der Schwerpunkt der infanteristischen Ausbildung. Die Stärke der Marineschutzkräfte betrug bei der Aufstellung 498 Soldaten, nämlich 30 Offiziere, 93 Unteroffiziere m. P., 20 Un-

teroffiziere o. P. und 355 Mannschaften, davon sechs weibliche Soldaten. Unter dem Kommando von Fregattenkapitän Rohr wurden die Marineschutzkräfte in Eckernförde aufgestellt.
Die Kommandeure der MSK waren:
01.04.2005 - 01.09.2005 : Fregattenkapitän Rohr, Bernd
02.09.2005 - 21.09.2007 : Fregattenkapitän Mügge, Andreas
21.09.2007 - : Korvettenkapitän Schorn, Thomas

Die Ausbildung

Um die vielfältigen Aufgaben dieser modernen Truppe bewältigen zu können, wird eine weit gefächerte Aus- und Weiterbildung aller Dienstgrade durchgeführt. Der junge Soldat beginnt nach seiner Grundausbildung an der Marineunteroffizierschule in Plön, mit der Vollausbildung in Eckernförde, die den Streifen-und Patrouillendienst umfasst, den Aufbau und Betrieb sogenannter Checkpoints und verstärkt die Gefechtsausbildung beinhaltet. Die enge Zusammenarbeit mit der Infanterieschule in Hammelburg, der Heeresflugabwehrschule in Rendsburg und ihrer Ausbildungseinrichtung in Todendorf, der Gebirgs- und Winterkampfschule in Mittenwald und spezielle Ausbildungsgänge bei der Feldjägertruppe in Sonthofen und bei Fahrschuleinheiten des Heeres ermöglichen die Ausbildung eines vielseitig einsetzbaren und den hohen Ansprüchen genügenden Soldaten.

Ihren letzten Schliff erhalten diese Soldaten im Gefechtsübungszentrum des Heeres in Altmark. Die geistigen und körperlichen Anforderungen an die Soldaten sind sehr hoch. Sie führten aber auch dazu, dass in kürzester Zeit eine Truppe heranwuchs, die ohne Zweifel zur Elite der Bundeswehr gezählt werden muss und deren Barettabzeichen mit Stolz getragen wird. Der oft gebrauchte Begriff „Marineinfanterie“ trifft aber nur im traditionell deutschen Sinne zu und kann nicht mit den amerikanischen Marinekorps in Verbindung gebracht werden, das eine eigene Teilstreitkraft der US-Streitkräfte bildet.

Wie schon bei den Seesoldaten früherer Zeiten füllen sich die Marineschutzkräfte auch durch freiwillige Versetzungswünsche aus dem Heer auf. Trotz der harten körperlich fordernden Ausbildung leiden die Marineschutzkräfte nicht unter Personalmangel.

Die Bewaffnung

Die Soldaten der Marineschutzkräfte sind mit den folgenden Waffen ausgerüstet: Die Standardwaffen sind die Pistole P 8 und das Gewehr G 36. Hinzu kommen als schwere Waffen das Maschinengewehr MG 3, die Panzerfaust 3, die Maschinenpistole MP 2 und die Granatpistole bzw. das AG 36 – ein an das G 36 montierbarer Granatwerfer.

MSK-Soldaten sichern Schiffe an der Pier

Anzug

Die Uniform der Angehörigen der Marineschutzkräfte änderte sich nicht. Allerdings tragen nun die Mannschaftsdienstgrade an der Tellermütze das schwarze Mützenband mit dem goldfarbenen Schriftzug MARINESCHUTZKRÄFTE.

Das Wappen der Marineschutzkräfte

Das Wappen der Marineschutzkräfte in Eckernförde hat die Farben des Landes Schleswig-Holstein: Blau-Weiß-Rot, es drückt damit die besondere Verbundenheit mit diesem Bundesland aus. Im oberen rechten blauen Teil befindet sich das Barettabzeichen Marinesicherung, der Anker mit den zwei gekreuzten Gewehren. Im weißen Mittelteil ist eine schwarzumrandete Weltkugel in den Farben blau und grün dargestellt. Die Farbe Blau steht für die Ozeane und die Farbe grün für die Kontinente. Diese Weltkugel symbolisiert die weltweite Einsatzfähigkeit und das weltweite Einsatzgebiet der Marineschutzkräfte. Die sich im linken unteren Eck befindlichen schwarzumrandeten drei goldenen Eichenblätter mit der vorstehenden goldenen Feldkanone 20 mm, deuten auf die überwiegend infanteristische Ausbildung und Tätigkeit dieses Verbandes hin. Die Feldkanone 20 mm erinnert an die traditionelle Infanteriebewaffnung

Einsätze der Marinesicherungstruppe/ Marineschutzkräfte

Seit ihrer Aufstellung haben die Soldaten der Marinesicherungstruppe bzw. der Marineschutzkräfte an folgenden Einsätzen teilgenommen:

- im Kosovo,
- in Afghanistan,
- am Horn von Afrika,
- bei der Bewachung von US-Liegenschaften in Süddeutschland,
- bei der maritimen Veranstaltung „ Sail" in Bremerhaven,
- im Einsatz an Bord des Einsatzgruppenversorgers BERLIN,
- vor Küste des Libanon.

Kosovo, Deutsches Kontingent KFOR

Nach Beendigung des Kosovokrieges 1999 wurde eine multinationale militärische Truppe mit Soldaten aus 40 Nationen aufgestellt. Die NATO erhielt gemäß der Resolution 1244 des Sicherheitsrates der Vereinten Nationen die Leitung über die KFOR (Kosovo Force).

Der Auftrag lautet:

Aufbau und Erhaltung eines sicheren Umfelds im Kosovo, einschließlich öffentlicher Sicherheit und Ordnung. Überwachung, Prüfung und falls notwendig, Durchsetzung des Militärisch-Technischen-Übereinkommens (Military Technical Agreement) und des Demilitarisierungsabkommens zwischen NATO und der kosovarischen Befreiungsarmee UCK vom 21.Juni 1999.

Die Bundeswehr ist von Anfang an dabei und richtet für diesen Auftrag vier Feldlager ein: in Neprosteno, in Cegrane, in Quatrum und in Drenove. Das Hauptquartier der KFOR mit dem deutschen Anteil befindet sich in Pristina. Am KFOR-Einsatz nehmen immer auch Soldaten der Marinesicherungstruppe teil.

Afghanistan, Deutsches Einsatzkontingent ISAF

Die ISAF (International Security Assistance Force)-Truppe ist die internationale Sicherheitsunterstützungstruppe in Afghanistan. Auf Ersuchen der afghanischen Regierung erfolgte mit Genehmigung des Weltsicherheitsrates, gemäß Resolution 1386 vom 20. Dezember 2001, ein militärischer Einsatz in Afghanistan. Den deutschen Soldaten wurde am 22. Dezember 2001 das Mandat des Bundestages für ihren Einsatz erteilt.

Der Auftrag lautet:

Unterstützung der vorläufigen Staatsorgane Afghanistans und ihrer Nachfolgeinstitutionen bei der Aufrechterhaltung der Sicherheit, so dass sowohl die afghanischen Staatsorgane als auch das Personal der Vereinten Nationen (inkl. ISAF) und anderes Zivilpersonal (insb. solches, das dem Wiederaufbau und humanitären Aufgaben nachgeht) in einem sicheren Umfeld arbeiten können sowie Sicherheitsunterstützung bei der Wahrnehmung anderer Aufgaben in Unterstützung des Petersberg-Abkommens.

Bis zum 19. März 2002 lief der ISAF-Einsatz der Bundeswehr als Vorauskommando unter Führung des deutschen Brigadegenerals Carl-Hubertus von Butler. Ihm unterstand ein deutsch-niederländisch-dänisch-österreichischer Einsatzverband.

Die Bundeswehr richtete für die Erfüllung dieses Auftrags vier sogenannte Feldlager in Afghanistan ein: Camp Marmal, Camp Warehouse, PRT (Provincial Reconstruction Team) Kunduz und PRT Feyzabad. Beim Einsatz des VIII. Kontingents der Bundeswehr wurden ertsmalig auch Marinesicherungskräfte in Afghanistan eingesetzt, zur Zeit befindet sich ein weiteres Kontingent dort.

Horn von Afrika

Der Sicherheitsrat der Vereinten Nationen verabschiedete am 12. September 2001 die Resolution 1368, die Durchführung der Operation „Enduring Freedom".

Am 16. November 2001 beschloss der Deutsche Bundestag, dass deutsche Streitkräfte bei der militärischen Bekämpfung des internationalen Terrorismus teilnehmen.

Das Einsatzgebiet der Operation „Enduring Freedom" am Horn von Afrika umfasst das südliche Rote Meer, den Golf von Aden, das nordarabische Meer, den Golf von Oman sowie das Seegebiet entlang der Küste von Somalia. Am 4. Januar 2002 wurden fünf Schnellboote auf ein Handelsschiff verladen und erreichten am 29. Januar 2002 den Basishafen Djibouti. Am 2. Februar 2002 begann der Einsatz mit der Überwachung des Seegebietes am Horn von Afrika, der bis heute andauert.

Mittlerweile wurden die Schnellboote, die am 12. Mai 2002 auf eigenem Kiel nach Warnemünde zurückgekehrt waren, durch die Fregatten LÜBECK abgelöst, die am 26. Januar 2006 ihren Auftrag an die Fregatte EMDEN abgab. Am 9. Juni

MSK-Soldaten im Einsatz bei UNIFIL

2006 übernahm die Fregatte SCHLESWIG-HOLSTEIN die Weiterführung der Mission. Die vom 19. März 2002 von Mombasa in Kenia operierenden Seefernaufklärer beendeten am 22. Oktober 2003 ihren Einsatz.

Bei allen Einsätzen bewährten sich die Soldaten der Marinesicherungstruppe durch ihren umsichtigen, professionellen Einsatz und halfen damit an vorderster Front, den Auftrag der Vereinten Nationen erfolgreich durchzusetzen.

Libanon

Während des Libanonkrieges 2006 wurde am 11. August 2006 die Resolution 1701 des Sicherheitsrates der Vereinten Nationen erlassen: eine bewaffnete „Blauhelmmission". Dieser Beobachterauftrag läuft auch weiterhin unter der bereits seit 1978 bestehenden UNIFIL (United Nations Interim Force in Lebanon) bzw. der französischen Bezeichnung FINUL (Force interimaire des Nations Unies au Liban). Die UN-Friedenstruppe hat den Auftrag, im Süden des Libanon, gemeinsam mit einem gleich großen Kontingent der regulären libanesischen Armee, die von Israel während des Libanonkrieges 2006 besetzten Stellungen zu übernehmen und sicherzustellen, dass sich in dem Gebiet keine bewaffneten Hisbollah-Milizen aufhalten.

Erstmals wurden Blauhelmsoldaten von Marineeinheiten ergänzt. Eine multinationale Maritime Task Force soll Libanons 225 km lange Küste überwachen und einen Waffenschmuggel der Hisbollah über See vor der Küste des Libanon unterbinden. Seit dem 15.Oktober 2006 führt die Deutsche Marine offiziell das Kommando über den ersten multinationalen Marineeinsatzverband der Vereinten Nationen, UNIFIL. Daran haben anfangs folgende deutsche Einheiten teilgenommen:

- Fregatte MECKLENBURG-VORPOMMERN,
- Fregatte KARLSRUHE,
- Einsatzgruppenversorger FRANKFURT AM MAIN,
- Tender ELBE,
- die Schnellboote NERZ, DACHS, OZELOT und HYÄNE und
- Flottendienstboot ALSTER.

Mit an Bord sind natürlich die Soldaten der Marineschutzkräfte, die die Boarding-Einsätze durchführen. Die deutsche Logistikbasis wurde in Limassol auf Zypern eingerichtet. Nach 10-wöchigem Einsatz wurde die Fregatte MECKLENBURG-VORPOMMERN von der Fregatte BRANDENBURG abgelöst. Zur Zeit übernimmt die Fregatte NIEDERSACHSEN die Aufgaben.

Quellenverzeichnis

- Aktuell: Zeitung für die Bundeswehr, Nr. 49, Johann Fritsch,
- Deutsches Militär Archivarchiv, Der I. Weltkrieg, Band 4, Archiv Verlag Braunschweig, 1982,
- D.V.E. Nr. 317. Bekleidungsvorschrift für Offiziere, Sanitätsoffiziere und Veterinäroffiziere des Königlich Preußischen Heeres (O. Bkl. V.), Verlag Ernst Siegfried Mittler und Sohn, 1899,
- Firma Boehringer, Naturwissenschaften und Medizin Nr. 23, 1968,
- Graudenz / Schindler: Die deutschen Kolonien, Südwest Verlag München, 1982,
- Henckel, Carl: Atlas des Deutschen Reichsheeres und der Kaiserlichen Marine einschließlich Kaiserlicher Schutztruppen in Afrika, Nr. 29, Marine-Informations-Tafel, Pirna 1900,
- Knötel, Herbert: Handbuch der Uniformkunde, Verlag Helmut Gerhard Schulz Hamburg, 1937,
- Kriegsgeschichtliche Einzelschriften1885: Brandenburg-Preußen auf der Westküste von Afrika, Ernst Siegfried Mittler und Sohn Berlin, 1885,
- Kürschner, Josef: China, Verlag Hermann Zieger Leipzig, 1901,
- Kürschner, Joseph: Armee und Marine, Hansa Verlag Hamburg, 1889,
- Marineschutzkräfte: Aufstellung der Kommandeure Standort Glückstadt,
- Marinemuseum Wilhelmshaven: Archivunterlagen Seebataillon/ Amphibisches Bataillon,
- MDv Nr. 260, 1935: Die Bekleidungs- und Anzugsbestimmungen für die Kriegsmarine,
- Noeske, Rolf / Gerhard Beckmann: Die Seebataillone der Preußischen Marine und der Kaiserlichen Deutschen Marine, Meckenheim 1995,
- Nuhn, Walter: Kolonialpolitik und Marine, Bernard & Graefe Verlag 2002,
- Reichs Marine Amt: Verschiedene Marineverordnungsblätter,
- Samtgemeinde Rethem / Aller: Archivunterlagen,
- Schlicht / Angolia: Die Deutsche Wehrmacht, Band 2, Die Kriegsmarine, Motorbuch Verlag Stuttgart, 1995,
- Schultz, Willi: Linienschiff SCHLESWIG-HOLSTEIN, Koehler Verlag Herford, 1991,
- Schweichler: Truppenpraxis 1/1998, Die „grüne“ Seite der Marine,
- Streitkräfteamt: Informationsmaterial Marine,
- TRAVO-Team, Y-Magazin der Bundeswehr, Februar 2006,
- Uniformkunde: Das Deutsche Heer, W. Spemann Verlag Stuttgart, 1982,
- Von Hemm, Hans-Jürgen: Archivunterlagen und Kommandeure der Marinesicherung,
- Wedeking, Bernd / Markus Bodeux: Die Mützenbänder der Deutschen Marine, 1815-1918,VDM Heinz Nickel, Zweibrücken, 2005,
- Werner, A.: Das Buch der Deutschen Flotte, Verlag Hermann Zieger Leipzig, 1893,
- Zienert, Josef: Unsere Marineuniform, Helmut Gerhard Schulz Verlag Hamburg, 1970,
- ZDv 37/10, Anzugsordnung für die Soldaten der Bundeswehr.

Fotonachweis

- Archiv Marine-Offizier-Vereinigung,
- Archiv Report-Verlag,
- Cigarettendienst – Dresden,
- Eigenes Archiv,
- Frau Elbern, Sandra,
- Henckel, Carl, Kunstmaler,
- Herr Jahns, August,
- Marinemuseum Wilhelmshaven,
- Marineschutzkräfte,
- Herr Linning, Sönke,
- Herr Preuß, Erhard,
- Herr Ryzewski, Hans,
- Herr von Hemm, Hans-Jürgen,
- Herr Wedeking, Bernd,
- Japanische Amateuraufnahmen,
- Stadtarchiv Cuxhaven, Reg. Nr.: 33b3-25222, 33d-01983.